W0176603

Das große Buch von den kleinen Wikingern

Die in diesem Buch enthaltenen Lieder und einige der Geschichten und Gedichte, gelesen von Rolf Krenzer, gibt es auch auf der Tonkassette *Lieder und Geschichten von den kleinen Wikingern*, erschienen im Ellermann Verlag, Hamburg, Titel-Nr. 3-7707-4204-4 Spieldauer ca. 60 Min.

© Verlag Heinrich Ellermann, Hamburg 1999
Alle Rechte vorbehalten
Titelbild und Illustrationen: Mathias Weber
Lithos: Posdziech GmbH, Lübeck
Druck und Bindung: J.P. Himmer, Augsburg
Printed in Germany 1999*

ISBN 3-7707-3087-9

Rolf Krenzer

Das große Buch von den kleinen Wikingern

Mit Bildern von Mathias Weber
und Liedern von Martin Göth

Ellermann

Inhaltsverzeichnis

Olli soll Wasser holen

»Thorolf!«

Olli stieß den großen Bruder leise an. »Wach auf!«, flüsterte er, um die Geschwister, Cousins und Cousinen nicht zu wecken. Er hatte bereits lange wach gelegen und darauf gewartet, dass endlich der Tag begann. Die lange Winternacht musste doch nun bald zu Ende sein. Immer dauerte es fast bis Mittag, ehe es endlich richtig hell war.

Jetzt saß Olli in seinem Kittel mit der Kapuze bereits fertig angezogen neben Thorolf auf dessen Schlafbank. Sogar die kleinen Fellstiefel hatte er schon an den Füßen.

Thorolf öffnete verschlafen die Augen. Zu beiden Seiten des Hauses standen an den Innenwänden entlang niedrige Holzbänke, die mit Erde gefüllt waren. Auf den Bänken lagen dicke schwere Wolldecken und Felle, und darauf schliefen seine jüngeren Geschwister und die Verwandten und Kinder, die zur Sippe gehörten. Hier standen auch die Schlafbänke für die Mägde und Knechte, für die Sklavinnen und Sklaven.

Die Mutter war längst aufgestanden und rührte bereits in dem großen Topf mit der Gerstengrütze, der an einem kräftigen Haken über dem Herd mit dem Feuer hing.

Die Mägde hatten die Gerstenkörner gestern Abend in der steinernen Handmühle gemahlen. Das war Tag für Tag eine mühselige Arbeit.

Jetzt arbeiteten sie bereits leise im Haus. Als auf einmal das offene Feuer aufloderte, wurde es auch im Haus heller.

»Was ist, Olli?«, brummte Thorolf verschlafen und setzte sich auf. »Warum weckst du mich?«

Olli schwieg. Dann schob er seinen Mund ganz dicht an Thorolfs Ohr.

»Ich sollte gestern Abend eigentlich das Wasser holen!«, sagt er so leise, dass Thorolf ihn kaum verstehen konnte.

»Na, und?« Thorolf gähnte und rieb sich die Augen.

»Mutter schimpft, wenn das Wasser nicht da ist! Sie braucht es doch!«

»Dann holst du eben jetzt das Wasser!«

»Es ist aber noch so dunkel!« Olli schlotterte vor Angst. »Und kalt ist es auch!« Er legte beide Arme um seinen großen Bruder und drückte sich ganz fest an ihn.

»Ich habe Angst!«, sagte er so leise, dass Thorolf ihn gerade noch verstehen konnte.

»Und warum bist du gestern Abend nicht gegangen?«, fragte er.

»Da hatte ich auch schon Angst!«

Sonst holten die Mägde oder die Sklavinnen das Wasser. Aber Mutter wollte immer, dass ihre Jungen auch mit anpackten. Deshalb hatte sie diesmal Olli zum Wasser holen geschickt.

»Hast du überhaupt schon einmal Wasser geholt?«, fragte Thorolf und tastete mit den Füßen nach seinen Schuhen, die irgendwo auf der platt gestampften Erde stehen mussten.

Olli schüttelte den Kopf.

»Noch nie!«, sagte er.

»Und wo willst du es holen?«, fragte Thorolf.

»An unserem Loch am Bach!«, antwortete Olli ernst.

»Aha!« Der große Bruder musste heimlich grinsen. Dann zog er seinen warmen Wollkittel und die Fäustlinge über.

»Komm!« Er nickte Olli zu, holte zwei Ledereimer und drückte einen davon dem Kleinen in die Hand.

»Ich geh mit Olli Wasser holen!«, sagte er, als sie an der Mutter vorbeikamen.

»Er muss aber auch seine Handschuhe anziehen!«, sagte sie nur und blickte kurz von ihrer Arbeit auf. »Es ist noch bitterkalt draußen!«

»Klar!« Thorolf nickte.

»Wo gehen wir hin?«, fragte er Olli, als sie dann vor dem Haus standen.

Olli deutete auf das Tor. »Zum Bach!«

Mutter hatte Recht. Es war wirklich bitterkalt. Gut, dass sie die Handschuhe angezogen hatten!

»Dann geh mal vor!«, rief Thorolf und ließ den Bruder vor.

Tapfer und mutig stapfte Olli durch den Schnee, der von vielen Füßen festgetreten war. Den Weg hatten diesen Winter schon viele genommen.

»Aber wo ist denn der Bach?«, fragte Thorolf nach einer Weile und blieb stehen.

Olli blickte sich nach allen Seiten um. Es war so hell geworden, dass er gut sehen konnte. Die herrliche Schlitterbahn, die hohen Schneewälle am Hang und ein Stück Himmel mit immer noch leuchtenden Sternen. Ein klarer, kalter Wintermorgen.

»Wo ist denn der Bach?«, lachte Thorolf.

Olli zuckte mit der Schulter.

»Er ist fort!«, sagte er schließlich.

»Du stehst drauf!«, prustete Thorolf los.

»Hör mal!«, flüsterte er und legte den Finger auf den Mund.

Olli hielt den Atem an und lauschte. Dann hörte er ein ganz leises Gluckern. So leise, dass er es kaum wahrnehmen konnte.

Und dann verstand er es plötzlich.

»Unter mir!«, sagte er langsam. »Unser Bach ist zugefroren ...«

Thorolf nickte.

»Eine dicke Eisschicht ist darüber«,

erklärte er, »so dick, dass wir hier eine neue Schlitterbahn haben.«

»Aber wir brauchen doch Wasser!«, sagte Olli und sah sich nach einem Beil oder einem scharfen Stein um, mit dem man das Eis vielleicht ein wenig aufhacken konnte, um an das fließende Wasser zu gelangen.

»Komm!«, lachte Thorolf wieder. »Wir holen einfach zwei Eimer Schnee!« Schon begann er, mit seinen Händen den einen Eimer zu füllen. Da packte auch Olli zu.

»Danke!«, sagte die Mutter, als sie später die vollen Schnee-Eimer hereinbrachten. Dann reichte sie den beiden eine kleine Holzschüssel, die bis zum Rand mit köstlich duftender Grütze gefüllt war.

Da setzte sich Olli auf einen Hocker neben den Schnee-Eimer und schaute versonnen zu, wie der Schnee langsam zu Wasser zerschmolz.

Ein Tag auf dem Eis

»Wer kommt mit aufs Eis?«, fragte Thorolf eines Morgens. Er griff gleich nach seinen Eiskufen und band sie sich unter die Sohlen seiner Lederstiefel. Das war das Startzeichen für seine Brüder und Schwestern, für die Vettern und Cousinen. Auch sie holten sogleich ihre Eisbeine herbei, die vorher einmal die Beinknochen von Pferden gewesen waren. Im Winter gab es nichts Schöneres als mit diesen Schlittschuhen über das Eis zu gleiten. Seit vor einiger Zeit der kleine Teich zugefroren und nicht wieder aufgetaut war, war hier eine Schlittschuhbahn entstanden, die jeden Tag immer wieder aufs Neue von den Kindern erobert wurde.

Inzwischen war es richtig Tag geworden. Ein kurzer Tag zwar, aber lang genug, um einen Wettkampf auf dem Eis auszutragen.

Sigurd hatte bereits seinen Skistock aus dem Schuppen geholt und stieß sich mit ihm auf dem Eis ab.

»Fangt mich doch!«, rief er übermütig. Gleich setzten ihm die andern nach. Brunhild war am schnellsten. Sie rannte hinter Sigurd her und umklammerte ihn, als sie ihn eingeholt hatte. Da fielen beide auf das Eis. Aber sie rappelten sich schnell wieder auf und jetzt folgte Sigurd Brunhild mit großen Schwüngen. Da wurde er bereits von Helga überholt. In wilder Jagd glitten sie hintereinander her. Gleich würde Helga Brunhild abschlagen. Es wurde allen warm dabei. Schneller und schneller glitten sie auf ihren Schlittschuhen aus Tierknochen über das Eis und erfanden immer wieder neue Spiele. Sie wurden wilder und verwegener.

Nun gaben sie sich die Hände und bildeten eine lange Reihe. Einer folgte dem andern. Die letzten hatten Mühe, nicht davongeschleudert zu werden, wenn es um die Kurve ging. Die loslassen mussten, bildeten eine neue Reihe.

Das Kreischen der Kinder drang bis hinauf zu dem Gehöft, wo die Frauen und Mägde mit den Sklavinnen dabei waren, das Abendessen vorzubereiten.

Jetzt war Olli am Ende der langen Kette und wurde so wild herumgeschleudert, dass Helga ihn nicht mehr festhalten konnte. Olli rutschte von ihrer Hand ab, glitt ziellos geradeaus weiter und konnte nicht mehr abbremsen. Er kam ins Stolpern, schrie laut auf, stürzte nach vorn und hätte sich fast überschlagen, bevor er schließlich auf dem Eis aufprallte.

Dann blieb er reglos liegen.

Im Nu hatte sich die Kette aufgelöst. Die Kinder rannten zu Olli und standen hilflos um ihn herum.

»Olli!« Helga beugte sich über ihn.

Ganz langsam öffnete Olaf die Augen. Thorolf half ihm, als er versuchte, sich aufzusetzen.

»Tut dir was weh?«, fragte Helga aufgeregt.

»Ich weiß noch nicht ...«, antwortete Olli zögernd.

Dann gelang es ihm, mit Thorolfs Hilfe wieder auf die Beine zu kommen. Er tastete mit der rechten Hand seinen Kopf ab, die Brust, den Rücken, den Bauch und die Beine.

»Was ist mit der anderen Hand?«, fragte Helga.

Olli hielt seinen linken Arm steif ausgestreckt.

»Sie tut weh!«, jammerte er und verzog sein Gesicht.

Da hatte ihm Helga bereits den dicken Fäustling heruntergezogen.

»Bewege die Finger!«, rief sie und sogleich brach Olli in lautes Weinen aus.

»Es geht nicht! Es tut so weh!«, weinte er und sah sich nach dem Gehöft um. Am liebsten hätte er jetzt laut nach der Mutter gerufen.

»Komm«, meinte Helga schließlich, »wir gehen nach Hause!« Sie hielt ihm ihre Hand hin. »Vielleicht muss Mutter die Hand wickeln!«

»Wird es dann wieder gut?« Olli vertraute der großen Schwester bedingungslos.

»Klar! Aber jetzt gib mir die Hand!«

Und wirklich, Olli reichte ihr seine linke Hand und griff auf einmal richtig zu, ohne es selbst zu merken.

Alle sahen es und atmeten auf.

Helga machte den anderen Zeichen, dass sie nichts dazu sagen sollten. Dann ging sie mit ihrem kleinen Bruder an der Hand über das Eis, den Hang zum Hof hinauf. Als sie fast zu Hause waren, blieb Olli plötzlich stehen.

»Wenn Mutter einen Wickel gemacht hat«, fragte er, »darf ich dann wieder aufs Eis?«

»Glaube ich nicht.« Helga musste heimlich lachen, ließ sich aber nichts anmerken. »Wenn man krank ist, steckt Mutter einen meistens ins Bett. Das weißt du doch!«

Da zog Olli auf einmal blitzschnell auch den anderen Handschuh aus und bewegte beide Hände und alle Finger so schnell er nur konnte.

»Guck mal!«, rief er und hielt Helga seine zappelnden Finger vors Gesicht. »Jetzt tut nichts mehr weh!«

»Ehrlich?«

Olli nickte.

»Dann hast du aber Glück gehabt!«,

lachte Helga. »Und Mutter braucht keinen Wickel zu machen!«

Olli konnte plötzlich mitlachen. Er nahm seine Handschuhe aus Helgas Hand und zog sie wieder an.

»Und wir brauchen überhaupt nicht heimgehen!«, rief er erleichtert und rannte so schnell zurück zu den anderen, dass Helga Mühe hatte, ihm zu folgen.

»Es ist alles wieder gut!«, rief er ihnen schon von weitem zu. »Das dumme Spiel spielen wir aber nicht mehr!«, sagte er zu Thorolf.

Der große Bruder verstand ihn.

»Wenn man auf das harte Eis hinschlägt, tut das verdammt weh!«, sagte er. »Im Sommer spielen wir es auf der Wiese!«

»Ja!« Olli nickte. »Dann kann man ruhig einmal fallen. Auf dem Gras tut man sich nämlich nicht so weh!«

Lied vom langen Winter

Text: Rolf Krenzer/Musik: Martin Göth

1. Ist so lang der Win - ter. Wenn es friert und schneit, ho - cken al - le Kin - der in der Dun - kel - heit und sie fra - gen bang: »Dau - ert denn der Win - ter noch so lang, lang, lang? Dau - ert denn der Win - ter noch so lang, lang, lang?«

2. Dunkel ist's im Winter.
Weil das keiner mag,
warten alle Kinder
auf den hellen Tag.

Und sie fragen bang:
»Dauert denn der Winter
noch so lang, lang, lang?
Dauert denn der Winter
noch so lang, lang, lang?«

3. Lodern hell die Flammen,
und im Feuerschein
wolln wir uns zusammen
auf den Sommer freun.
Und wir fragen bang:
»Dauert denn der Winter
noch so lang, lang, lang?
Dauert denn der Winter
noch so lang, lang, lang?«

4. Auch der längste Winter
muss einmal vergehn,
und es lässt auf einmal
sich die Sonne sehn.
Keinem ist mehr bang,
denn der helle Sommer
dauert lang, lang, lang.
Denn der helle Sommer
dauert lang, lang, lang.

Spielen wie die Wikinger-Kinder

Wettlauf mit dem Wassereimer

Die kleinen Wikinger mussten Wasser in
Ledereimern am Flussufer schöpfen oder
vom Brunnen holen. Da mussten sie sehr
behutsam sein, damit nichts von dem
Wasser unterwegs verschüttet wurde.
Für unseren Wettlauf brauchen wir zwei
Wassereimer, eine Wasserstelle und
Schöpfkellen oder Tassen. Mit einem
Litermaß füllen wir fünf Liter Wasser in
jeden Eimer.
Die Spieler stellen sich in zwei Reihen
auf. Neben den beiden ersten Spielern
steht je ein gefüllter Wassereimer. Auf
einen Pfiff hin schnappen die beiden
ersten Spieler ihre Eimer und laufen los.
Wer zuerst das verabredete Ziel erreicht,
erhält 15 Punkte, der zweite Sieger 10.
Dann wird das Wasser mit dem Litermaß
gemessen. Für jeden Viertelliter Wasser,
der fehlt, werden fünf Punkte abgezogen.
Danach werden die Eimer wieder gefüllt,
und die beiden nächsten Spieler sind dran.

Spiele mit Steinen

Steine gab es an vielen Orten mehr als
genug. Oft mussten die Kinder helfen,
die Steine aus dem Feld an den Rand zu
tragen, wenn der Vater Korn oder Hafer
aussäen wollte.
Wir machen einen Spaziergang, um die
schönsten Steine zu sammeln, die wir
unterwegs finden.
Mit Wurzelbürsten säubern wir sie später
in einer großen Wasserschüssel und
staunen über ihre Musterungen und
Farben, die bei nassen Steinen besonders
gut zur Geltung kommen. Die schönsten
Steine werden ausgestellt. Die meisten
bleiben auch noch schön, wenn sie
getrocknet sind.

Steine wieder erkennen

Ein Spiel für vier bis fünf Spieler.
Je unterschiedlicher die Steine sind, desto
besser kann man sie wieder erkennen.
Alle bis auf einen, den Spielleiter, legen
die Hände auf den Rücken und schließen
die Augen. Die Augen müssen während
des Spiels geschlossen bleiben.
Der Spielleiter greift nach einem Stein
und legt ihn dem Ersten in die Hand.
Der Spieler darf ihn abtasten und
beschreiben, wie er sich anfühlt. Dann
gibt er ihn weiter. Wenn alle den Stein
gehabt haben, erhält der erste Spieler
einen weiteren Stein und noch einen.
Sind alle Steine herumgegangen, werden
sie in die Mitte gelegt.
Nun kann jeder raten, welcher der Erste,
der Zweite und der Dritte war. Wer die
richtige Reihenfolge nennt, ist Spielleiter
in der nächsten Runde mit anderen
Steinen. Gibt es mehrere Sieger, muss der
nächste Spielleiter ausgelost werden.

Turm bauen

Ein Spiel für zwei und mehr Spieler.
Jeder Spieler erhält zehn unterschiedliche
Steine. Nun soll ein Turm aus Steinen
gebaut werden. In fester Reihenfolge
legen wir einen Stein nach dem anderen
auf. Fällt der Turm zusammen, wenn
einer von uns gerade seinen Stein gelegt
hat, beginnen wir von neuem mit den
Steinen, die jeder noch hat. Wer den
Turm zum Einstürzen bringt, erhält einen
Strich. Wir können uns auch einigen, dass
es für einen Strich schon ausreicht, einen
Stein zum Wackeln zu bringen. Wer zum
Schluss die wenigsten Striche hat, ist
Sieger.

Auf Skiern

»Heute wollen sie mit den Baum-
stämmen zurückkommen!«, sagte Thorolf
eines Tages zu Sigurd, als sie gerade alle
rund um den Tisch beim Mittagessen
saßen.

»Wer?«, fragte Olli sogleich.

»Mein Vater und dein Vater und die
anderen!«, antwortete Sigurd.

Vor ein paar Tagen waren die Männer
losgezogen, um einige dicke Bäume zu
fällen. Sobald man draußen arbeiten konnte, wollten sie alle zusammen ein neues
Schiff bauen.

»Ich möchte ihnen entgegengehen!«,
überlegte Sigurd. »Kommst du mit?«

Thorolf nickte und stand auf.

Doch Olli war schneller und stand bereits
an der Tür.

»Ich komme auch mit!«, rief er begeistert.

»Auf keinen Fall«, rief seine Mutter und
stand auf, um Olli festzuhalten. Der
Kleine strampelte und wehrte sich wie
eine Katze.

»Es geht nicht. Die Großen nehmen ihre
Skier!«, sagte Sigurds Mutter. »Das ist
wirklich nichts für dich!«

Und bevor Olli so richtig mit dem
Heulen anfangen konnte, sagte sie: »Du
kannst mit mir in den Stall gehen und
die Eier suchen, die die Hühner gelegt
haben. Wir wollen doch etwas Gutes

kochen, wenn die Männer nach Hause
kommen!«

Das sah Olli ein und suchte sich den
größten Korb, den er finden konnte.

Den zog er hinter sich her, als er Hand in
Hand mit Sigurds Mutter das Haus
verließ.

Thorolf und Sigurd zogen vor der Tür
ihre Skier an. Inga, Thorolfs Mutter, sah
ihnen zu.

Jeder benutzte nur einen Ski. Da reichte
auch für jeden der eine Skistock.

»Lauft nicht zu weit!«, warnte Inga, »und
seid zurück, bevor es dunkel wird!«

»Nur über den Berg bis zur nächsten
Anhöhe!«, schlug Sigurd vor. »Von dort
aus können wir sie vielleicht schon
sehen!«

Beruhigt stellte die Mutter fest, dass die
Jungen auch ihre scharfen Schwerter
anlegten. Keiner durfte waffenlos zu weit
von zu Hause fortgehen. In diesem
Winter waren die Wölfe sehr nah gekommen.

Um das Gehöft herum hatten sie sie oft
heulen hören. Und die Männer hatten
manch einen Wolf erlegt. Sigurd trug
einen warmen Umhang aus Wolfsfell.
Sein Vater hatte den Wolf gleich zu
Beginn des Winters getötet.

Thorolfs Mutter sah den beiden Jungen

nach. Sie stand immer noch draußen, als sie bereits ein gutes Stück über den Schnee davongeeilt waren.

Thorolfs Mütze konnte kaum seinen dichten Haarschopf bändigen. Weithin leuchteten seine gelben Haare. Sie waren ebenso gelb wie die Haare seines Vaters. »Passt auf euch auf!«, mahnte die Mutter noch. Sie seufzte leise, als sie zum Haus zurückging. Bald würde ihr Ältester schon ein Mann sein, der nach seinem Vater Thorolf Olafson hieß.

Thorolf stieß sich mit einem Fuß und dem Skistock ab und hob das eine Bein, sodass er mit dem anderen ein Stück über den Schnee gleiten konnte.

Sigurd folgte ihm. Sie kamen gut voran. Die Sonne stand heute für kurze Zeit hoch am Himmel. Aber noch gelang es ihr nicht, die Kälte zu vertreiben. Die Jungen spürten, wie kalt es immer noch war, obwohl sie Wollmützen auf dem Kopf, dicke Fausthandschuhe und warme Beinkleider trugen. Das Gesicht schmerzte vor Kälte.

Als sie den ersten Berg überquert hatten, hielten sie an und blickten sich um. Von den Männern war noch keiner zu sehen.

Wintersonnenwende

Text: Rolf Krenzer/Musik: Martin Göth

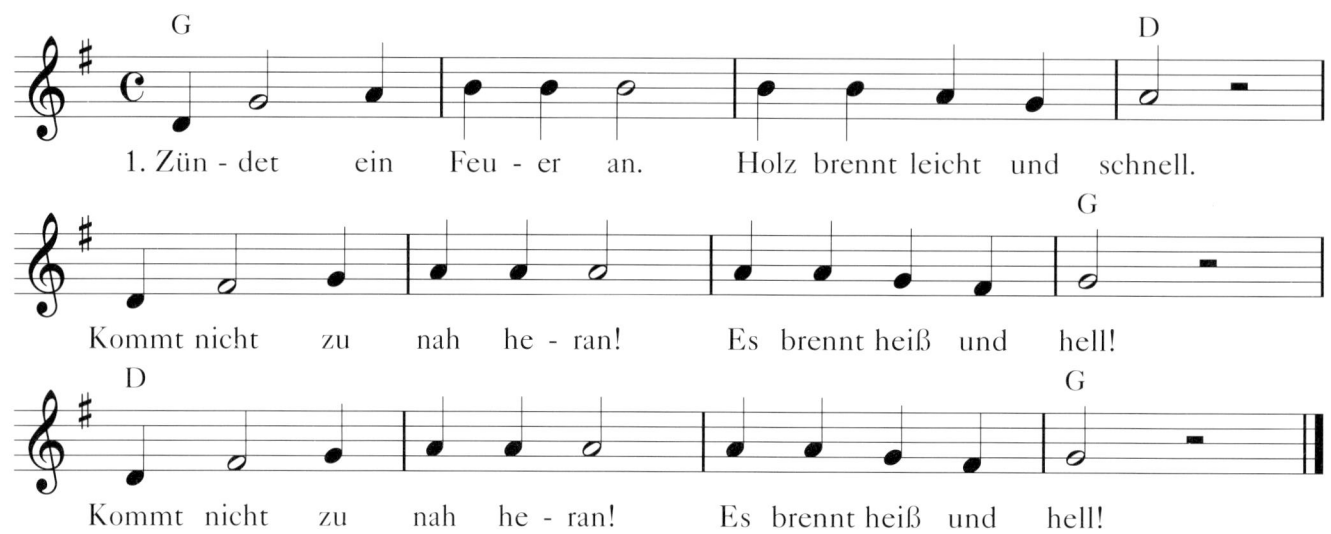

1. Zün - det ein Feu - er an. Holz brennt leicht und schnell.

Kommt nicht zu nah he - ran! Es brennt heiß und hell!

Kommt nicht zu nah he - ran! Es brennt heiß und hell!

2. Seht, durch die Dunkelheit
leuchtet rot die Glut.
Kommt jetzt nur nah heran,
denn das tut so gut.
Kommt jetzt nur nah heran,
denn das tut so gut.

3. Spürt ihr's, das Feuer macht
es in uns ganz warm.
Froh stehn wir in der Nacht,
stehen Arm in Arm.
Froh stehn wir in der Nacht,
stehen Arm in Arm.

4. Geht dann das Feuer aus,
alles ist verbrannt.
Still gehen wir nach Haus,
gehen Hand in Hand.
Still gehen wir nach Haus,
gehen Hand in Hand.

Auf einmal waren die Wölfe da

Thorolf und Sigurd waren bereits mit ihren Skiern bis zum Waldrand gekommen, als Thorolf plötzlich stehen blieb, nach Sigurds Arm griff und nach hinten zeigte. Sigurd wandte sich sogleich um und erstarrte. Weder Thorolf noch er hatten bisher die vier Wölfe bemerkt, die ihnen gefolgt waren.

Sie standen nun auch regungslos wie die Jungen und beobachteten sie. Dürr und ausgehungert waren sie. Sie hatten einen harten und entbehrungsreichen Winter hinter sich. Sie witterten die beiden Menschen. Und sie wussten auch, dass sie hier ihren unbändigen Hunger stillen konnten.

Die Jungen rührten sich ebenso wenig wie die Wölfe.

»Sie haben uns den Rückweg abgeschnitten!«, flüsterte Thorolf.

»Ja, bei Thor!«, antwortete Sigurd leise.

»Und wir haben keinen Wurfspeer dabei!«

»Nicht einmal den Bogen mit ein paar Pfeilen!«, zischte Thorolf durch die Zähne und zog langsam sein Schwert aus der Scheide. So langsam, dass die Wölfe nicht merken sollten, dass er sich bewegte. Da griff auch Sigurd nach seinem Schwert. Die Wölfe standen still wie vorher. Dann machte einer ein paar Schritte auf sie zu: abwägend, vorsichtig, misstrauisch. Wölfe wussten aus Erfahrung nur zu gut, wie stark Menschen waren und wie sie sich wehren konnten. Aber hier waren es nur wenige, die ihnen gegenüberstanden. Und sie waren in der Überzahl. So stießen sie ein heiseres Geheul aus und folgten noch zögernd, aber bereits entschlossen, ihrem Anführer.

»Jetzt nur nicht zurückweichen!«, flüsterte Thorolf seinem Vetter zu. Sigurd schüttelte stumm den Kopf.

Die Wölfe kamen näher. Thorolf konnte geradewegs in die Augen des Anführers sehen, so nah waren sie bereits.

Sigurd spürte den kalten Angstschweiß auf seinem Rücken. »Wir müssen irgend etwas tun!«, zischte er.

Thorolf nickte. »Aber was?«

Da brüllte Sigurd plötzlich so laut, dass Thorolf vor Schreck zusammenzuckte und wild mit seinen Armen ausschlug. Die Wölfe waren augenblicklich still und wichen einen Schritt zurück.

Ob das was nützt?, fragte sich Thorolf und stimmte sogleich selbst laut ein, als Sigurd wieder losbrüllte.

Jetzt heulten auch die Wölfe auf. Und doch wichen sie weiter zurück. Nicht viel. Aber sie schienen beunruhigt und wagten offensichtlich nicht, näher zu kommen.

Wie lange würden sie sich durch die Schreie der beiden Jungen zurückhalten lassen?

Wie lange konnten die Jungen überhaupt noch so laut und durchdringend schreien? Die Wölfe rückten näher zusammen.

Als den beiden Jungen die Luft ausging, schwiegen auch die Wölfe.

Und dann kam ihr Anführer wieder näher. Lautlos folgten ihm die anderen.

»Nicht zurückweichen!«, flüsterte Thorolf. »Keinen Schritt zurück!«

Wenn sie versuchen wollten, davonzulaufen, wären die Wölfe sofort hinter ihnen her. Sie würden sie von hinten packen. Auch mit ihren Skiern konnten sie den Wölfen nicht entkommen.

Noch einmal schwangen die Jungen ihre Schwerter wild durch die Luft. Noch einmal brüllten sie laut los. Doch sie merkten selbst, dass ihre Kraft nachließ. Das spürten auch die Wölfe.

Wieder wagte sich ihr Anführer ein Stück näher an die beiden Jungen heran. Er fletschte seine Zähne und sträubte das Fell, sodass er doppelt so groß wirkte. Die beiden Jungen klammerten sich aneinander und ahnten doch, dass die Wölfe diesen ungleichen Kampf gewinnen würden. Es würde nicht mehr lange dauern.

Sie wollten sich mit ihren beiden Schwertern verteidigen und wussten doch, dass sie kaum eine Chance hatten. Der Anführer stemmte nun beide Beine in den harten fest gefrorenen Schnee und setzte zum Sprung an. In diesem Augenblick sauste ein Pfeil an den Köpfen der beiden Jungen vorbei und bohrte sich tief in den Hals des Raubtiers. Ein weiterer Pfeil folgte. Noch einer und noch mehr. Ein Wolf brach zusammen. Ein zweiter fiel ebenfalls um. Und die beiden anderen rasten in panischer Flucht davon.

Männer schrien laut. Dann lag Thorolf in den Armen seines Vaters und konnte es nicht fassen, dass der gerade noch zur rechten Zeit gekommen war. Auch Rollo, Sigurds Vater, war dabei.

»Wir wollten nach euch ausschauen!«, sagte Thorolf, als ihn sein Vater endlich losließ.

»Gut, dass wir euch gefunden haben!« Jetzt konnte Olaf, der Häuptling der Sippe, wieder laut und polternd lachen. Jetzt, als alles ausgestanden war. Da stimmten auch die übrigen Männer in sein Lachen mit ein.

Dann liefen sie mit den Jungen dorthin zurück, wo die Pferde standen. Dort hatten sie ihre dicken, langen und schweren Baumstämme liegen gelassen, als sie die beiden Jungen und die Wölfe entdeckt hatten.

»Jetzt aber nichts wie nach Hause!«, rief Thorolfs Vater.

Mit dem Schlitten unterwegs

Die meisten aus Olafs Sippe wohnten mit ihm zusammen auf seinem Hof. Dort gab es viele Gebäude, die meist aus Holz gebaut und mit Rasen, Stroh, Reet oder Holzschindeln gedeckt waren. Neben dem Wohnhaus gab es Ställe für das Vieh, Vorratsscheunen und Holzbauten, in denen alles gelagert wurde, was wichtig war. Es gab Gebäude für jeden Zweck. Nah bei Olafs Gehöft am Wasser wollte Olaf mit seiner Sippe das neue Boot bauen. Sie mussten schon bald mit dem Schiffsbau beginnen, wenn es im Sommer fertig sein sollte.

Die Männer hatten den ganzen Winter über Eichen, Kiefern, Eschen, Birken und Linden mit ihren Äxten gefällt und die Stämme nach und nach über den gefrorenen Boden nach Hause transportiert. An festen Seilen hatten die Pferde die Stämme hinter sich her-gezogen. Manche waren so dick, dass zwei und drei Männer noch mit anpacken mussten, wenn sie über den fest gefrorenen Schnee und über das Eis gezogen werden sollten.

Bereits viermal waren die Männer mit den Pferden in den letzten Wochen fort gewesen, um Bäume zu schlagen und heimzubringen. Nun war alles Bau-material beisammen: kräftiges Holz, das in den nächsten Wochen bearbeitet werden sollte.

Es fehlte nur noch das Kleinholz, das sie bereits zurechtgeschnitten, aber noch nicht mitgebracht hatten. Deshalb wollten der Vater mit seinem Bruder noch einmal mit den beiden Schlitten losfahren.

»Sigurd und Thorolf kommen mit!«, rief der Vater. »Sie können uns helfen!« Begeistert sprangen die beiden Jungen auf, zogen ihre warmen Kleider an und liefen nach draußen, um anzupacken, wenn die Pferde vor die Schlitten gespannt wurden.

Sigurd stieg bereits auf Rollos Schlitten, als die kleine Asgard herbeilief.

»Bitte, Papa, nimm mich auch mit!«, bettelte sie.

Rollo blickte hinüber zu Thorolfs Vater. Und Olaf nickte ihm zu.

Da rannte auch Olli herbei und bettelte so lange, bis er neben Thorolf auf Olafs Schlitten sitzen durfte.

Dann trieben die Männer ihre Pferde an und die Schlitten sausten durch den Schnee davon.

Sie erreichten am Mittag den Platz, auf dem das Holz bereitlag. Und weil alle zugriffen, hatten sie das Kleinholz bald aufgeladen. Dann zogen die Pferde wieder an, und es ging schnell heimwärts.

Thorolf genoss es, so nah bei seinem Vater zu sitzen. Sie hatten den kleinen Olli zwischen sich, der nicht genug von der Fahrt bekommen konnte.

»Wenn das Boot fertig ist ...«, begann Thorolf.

»Wenn das Boot fertig ist, werden wir aufbrechen und endlich über das Meer fahren!«, sagte der Vater bedächtig und reichte Thorolf die Zügel. »Wir werden an fremden Küsten landen und die größten Schätze auf unser Schiff laden!«

»Wenn es Sommer ist?«, fragte Thorolf. Sein Vater nickte.

»Darf ich dann mitfahren?« Thorolf blickte den Vater bittend an.

»Die Fahrt wird gefährlich werden!«, antwortete Olaf. »Es wird zu schweren Kämpfen kommen. Da werden nur Männer gebraucht!«

»Ich bin doch schon ein Mann!«, sagte Thorolf und trieb die Pferde so kraftvoll an, dass der Schlitten ein Stück nach vorn schoss.

»Vorsicht! Vorsicht!«, spottete sein Vater.

»Du brauchst noch ein bisschen!« Thorolf war sich nicht sicher, ob er vielleicht doch noch nachgeben würde.

»Wenn das Boot fertig ist, bin ich schon viel älter!«, sagte er deshalb.

Aber sein Vater sagte nicht ja und nicht nein.

»Zuerst müssen wir das Boot bauen!«, meinte er dann und griff wieder selbst nach den Zügeln.

Als sich Thorolf kurz nach Sigurd um-schaute, sah er, dass auch er mit seinem Vater verhandelte.

»Darfst du mitfahren?«, fragte Thorolf deshalb als Erstes, als er vom Schlitten abgestiegen war.

Sigurd zuckte mit den Schultern.

»Vielleicht!«, meinte er. »Vielleicht auch nicht!«

»Wer mitfahren will, muss zuerst einmal das Warten lernen!«, meinte Rollo lachend, als er an den beiden Jungen vorbei zum Haus ging. »Jetzt spannt die Pferde aus, bringt sie zum Stall und reibt sie trocken!« Ja, das würden die Freunde heute besonders gut besorgen!

Skalden zu Besuch

Besuch war in der Zwischenzeit ange-
kommen. Egil und Hallgard, die beiden
Skalden, waren Vaters Freunde. Sie kamen
jeden Winter einmal und blieben für eine
Woche.
Am Abend nach dem Essen durften sie
ihre Gedichte und Lieder vortragen.
Dann saßen alle um das Feuer und
hörten ihnen zu, die Männer und Frauen,
besonders aber die Kinder.
»Egil und Hallgard!«, sagte der Vater.
»Seid herzlich begrüßt!«
Ein Mann und eine junge Frau standen
auf und verbeugten sich höflich vor
dem Häuptling der Sippe und seiner
Gesellschaft.
Da klatschten alle laut.
Wenn der Skalde Egil sang und die
Skaldin Hallgard ihn auf der Harfe
begleitete, konnte man immer wieder
zuhören.
»Heute wird Hallgard beginnen!«, sagte
Egil dann und schlug ein paar Töne auf
seiner Leier an. »Es ist ein neues Lied,
das sie heute zum ersten Mal singt!«
Hallgard schaut kurz auf und blickte dann
Thorolf an. Sie lächelte ihm zu, sodass
Thorolf rot wurde und vor Aufregung
nasse Hände bekam.
»Das Lied von den beiden jungen
Helden und den Wölfen!«, rief Egil.

Da war auch Sigurd plötzlich rot bis über
beide Ohren.
Am liebsten wären beide hinausgelaufen.
Aber es blieb ihnen nichts anderes übrig,
als hier stehen zu bleiben und so zu tun,
als ob sie das alles gar nichts anginge.

»*So sing ich von Sigurd, dem
strahlenden Sieger
und Thorolf, dem treuen
tatkräftigen Freund.
Sie wollten im Winter den
weiten Weg wagen,
doch waren die wildesten
Wölfe im Wald.
Es fanden die Väter die
furchtlosen Freunde,
da wichen die Wölfe, fürwahr,
es ist wahr!*«

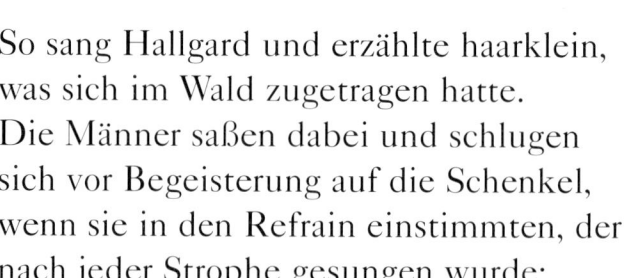

So sang Hallgard und erzählte haarklein,
was sich im Wald zugetragen hatte.
Die Männer saßen dabei und schlugen
sich vor Begeisterung auf die Schenkel,
wenn sie in den Refrain einstimmten, der
nach jeder Strophe gesungen wurde:

»Ein *H*och *h*eut den *H*elden,
den *t*apferen *T*aten!
*H*ebt *h*och eure *H*örner,
*t*rinkt freudig den *T*rank!«
Jedesmal griffen sie nach ihren Trink-
hörnern und Bechern und hoben sie hoch.
Weil die Becher dabei oft geleert wurden,
mussten die Sklavinnen und Mägde
immer wieder kommen, um sie erneut zu
füllen. Das Lied endete damit, dass Olaf
und noch ein paar Männer mit ihren
Pfeilen zwei Wölfe getötet und die beiden

anderen verjagt hatten. So war das Lied
eigentlich ein Loblied zu Ehren des
Vaters.
Es folgten Lieder, die von den Taten
Olafs berichteten, von seinen Beutezügen
nach England und zur Küste des süd-
lichen Festlandes.
Aber auch von den Göttern konnten die
Skalden manch eine Legende erzählen.
Lustige und nachdenkliche Geschichten,
die ihren Zuhörern Angst machten oder
sie laut auflachen ließen.

Dichten und reimen mit den Wikingern

Schon kleine Kinder lernen bei uns
einfache Reime kennen, zum Beispiel:
Das ist der Daumen,
der schüttelt die Pflaumen …
oder
Eine kleine Maus
läuft ins Haus,
kommt wieder raus …
Aus!
Am Ende von zwei Zeilen stehen immer
zwei Wörter, die sich reimen:
Maus, Haus
Daumen, Pflaumen,
mein, dein … usw.
Alle Lieder und Gedichte in diesem Buch
benutzen solche *Wortreime*.

Die Wikinger reimten nicht am Ende wie
wir.
Sie benutzten den *Stabreim*.
Beim Stabreim fangen zwei, drei oder
gar vier Wörter in einer Zeile mit
demselben Buchstaben an. Die beiden
Skalden in unserer Geschichte erzählen
von den Wölfen und benutzen dafür den
Stabreim.
Wir können auch solche Gedichte
schreiben:

Leise lacht Lotti und lauert am Laden.
Leo, der Langsame, legt endlich los.
Keck kaspert Kasper im Kaspertheater.
Holger, der Held, hält den Hund an der Hand.

Für den König ein Lied

Nach dem festlichen Essen am Wikingerhof
rief der König zum Schluss nach dem Skalden.
Ein Mädchen trug seine Harfe herbei
und führte behutsam den Alten.
»Für den König ein Lied!
Unserm König ein Lied!«,
so schallt' es rundherum.
»Für den König ein Lied!
Unserm König ein Lied!«
Da waren die Leute stumm.

Nach dem festlichen Essen am Wikingerhof
reicht das Mädchen die Harfe dem Skalden.
Der blinde Sänger verbeugte sich tief
und konnt' kaum die Harfe noch halten.
»Für den König ein Lied!
Meinem König ein Lied!«,
rief laut der alte Mann.
»Für den König ein Lied!
Unserm König ein Lied!«
So fing der Skalde an.

Als der Skalde geendet am Königshof,
riefen alle: »Der König soll leben!
Von allem, was wir erbeutet im Kampf,
hat der König uns allen gegeben.
Preist den König, ihr Leut!
Preist ihn hier! Preist ihn heut'!
Sein Ruhm ist riesengroß!
Nicht mehr weit ist die Zeit,
nicht mehr weit ist die Zeit,
dann fahrn wir wieder los!«

Ein König baute ein großes Schiff

Text: Rolf Krenzer/Melodie: Martin Göth

1. Der Kö - nig bau - te ein gro - ßes Schiff. Ho - he, ho - he, ho - he! Und als das Schiff dann ins Was-ser glitt, da nahm er all sei - ne Män - ner mit, ho - he, ho - he, ho - he, zu der Rei - se ü - ber die See, ho - he, ho-he, ho - he, zu der Rei - se ü - ber die See.

2. Die Frauen blieben am Strand zurück.
Ho-he, ho-he, ho-he!
Dort standen sie und sie winkten stumm,
doch keiner der Männer sah sich um,
ho-he, ho-he, ho-he,
vor der Reise über die See,
ho-he, ho-he, ho-he,
vor der Reise über die See.

3. Der König blieb neunzig Tage fort.
Ho-he, ho-he, ho-he!
Die Kinder sah man am Strand oft stehn,
um weit übers wilde Meer zu spähn,
ho-he, ho-he, ho-he,
doch kein Segel war dort zu sehn,
ho-he, ho-he, ho-he,
doch kein Segel war dort zu sehn.

4. Doch einmal kehrte das Schiff zurück.
Ho-he, ho-he, ho-he!
Da kam das Schiff übers Wasser her
mit Gold und Silber und noch viel mehr,
ho-he, ho-he, ho-he,
von der Reise über die See,
ho-he, ho-he, ho-he,
von der Reise über die See.

5. Der König stand an dem großen Mast.
Ho-he, ho-he, ho-he!
Er rief: »Der Schatz bleibt für immer hier.
Nicht einen Krieger verloren wir,
ho-he, ho-he, ho-he,
bei der Reise über die See,
ho-he, ho-he, ho-he,
bei der Reise über die See!«

Jeder kann beim Schiffsbau helfen

Als Thorolfs Vater und die anderen Männer damit anfingen, ihr Schiff zu bauen, liefen alle Kinder mit zur Werft am Ufer. Sie wollten zusehen und beim Bauen helfen. Vor allem helfen.

Zwar war noch eine dicke Eisschicht auf dem Wasser und der Winter noch lange nicht vorbei, doch wurde es den Männern bald warm, als sie mit der Arbeit begannen.

Es sollte ein großes Kriegsschiff werden. Ein Langboot, vorn und hinten spitz zulaufend und mit einem mächtigen Segel. Siebenmal so lang wie breit sollte es werden. Achtzehn Rudersitze auf jeder Seite: Platz für sechsunddreißig Wikinger!

»Wir haben über dreißig Leute!«, sagte Thorolfs Vater.

»Die Männer werden auf Bänken oder Kisten sitzen«, fügte Rollo hinzu und blickte kurz zu Thorolf und Sigurd hinüber. »Wenn der Wind nachlässt, müssen wir das Segel einholen. Dann müssen die Ruderer sich tüchtig in die Riemen legen. Bei schlechtem Wetter müssen sie auch noch das Seewasser ausschöpfen, das in das Boot schwappt. Und ein Dach über dem Kopf oder gar einen Schutzraum gegen Wind, Wetter und See gibt es auch nicht.«

»Es soll ein Drachenschiff werden!«, rief Thorolf. »Und am Bug soll es einen geschnitzten Drachenkopf tragen! Er wird alle, die das Schiff erblicken, in Angst und Schrecken versetzen!«

»Den Drachen Fafnir!«, schlug Sigurd vor und sprang auf. »Den aus der bekannten Sage!«

»Wie schnell wird es fahren?«, fragte Thorolf.

»Sehr schnell!«, lachte Sigurds Vater. »So schnell, dass es keiner einholen kann! Und es wird viel größer und schwerer als die Boote, mit denen wir über die Flüsse und Seen rudern. Es wird auch einige kleine Ruderboote an Bord haben.«

»Zuerst sortieren wir das Holz nach langen und kürzeren Stämmen!«, ordnete nun Thorolfs Vater an. »Dann müssen wir die Rinde abschälen!«

Schon hatten die Jungen ihre Äxte herausgeholt. Da lachten ihre Väter.

»Passt auf, dass ihr euch nicht verletzt!«, sagten sie.

Der alte Thyre aber, der zu alt war, um noch einmal mit dem Boot zu fahren, winkte den kleinen Olli herbei.

»Du kannst mir suchen helfen!«, sagte er. »Ich muss ein besonders schönes und großes Stück Holz finden!«

Er stieg über die vielen Baumstämme hinweg, die hier lagen.

»Was willst du denn mit dem Holz?«, fragte Olli neugierig und kletterte hinter Thyre her.

»Ein richtiges Drachenschiff braucht doch einen richtigen Drachen, nicht wahr?«, sagte er.

»Und wo kriegen wir den Drachen her?«, fragte Olli.

»Den schnitzen wir uns!«, lachte Thyre und zerrte an einem dicken Holzteil. »Das hier ist gerade richtig!«

Da erinnerte sich Olli an all die Bilder, die Thyre schon geschnitzt hatte. Er konnte sogar schreiben. Auf dem Hof stand ein großer Holzblock, den Thyre mit vielen Zeichen – den Runen – verziert hatte.

»Ich darf Thyre beim Schnitzen helfen!«, rief Olli stolz seiner Freundin Asgard zu. »Wir schnitzen einen Drachen!«

Ein paar Männer packten das schwere Stück Holz auf einen Schlitten. Sie halfen Thyre, es zu dem Schuppen zu bringen, in dem er seine Werkstatt hatte.

»Darf ich auch helfen?« Asgard sah den alten Mann bittend an.

»Der Drachenkopf muss auch bunt bemalt werden!«, brummelte Thyre in seinen Bart, und Olli rief gleich begeistert: »Er soll sehr gefährlich aussehen, damit die Feinde Angst bekommen, wenn sie unser neues Schiff mit dem Drachen sehen!«

»Darf ich helfen?«, fragte Asgard noch einmal.

Und als Thyre nickte, rief sie Olli triumphierend zu: »Dann darf ich den Drachenkopf anmalen.«

»Ihr könnt mir beide zusehen und helfen!«, meinte der Alte bedächtig. »Aber nur, wenn ihr so still sein könnt, dass ich in aller Ruhe arbeiten kann!«

Sogleich nickten Asgard und Olli. Dann saßen die beiden Kinder bis es dunkel wurde bei dem alten Thyre und sahen zu, wie sich das große Holzstück unter seinen Händen nach und nach in einen gefährlichen Drachenkopf verwandelte.

Runensteine mit Zeichen und Runen

Runen waren die Buchstaben des Alphabets der Wikinger. Sie nannten es nach ihren ersten sechs Schriftzeichen oder Runen: FUTHARK.

Wollten die Wikinger jemand ehren oder anderen etwas mitteilen, dann ritzten sie es in einen Stein und stellten ihn auf. Einen der schönsten Runensteine stellte König Harald einst für seine Frau auf. Die Runen auf diesem Stein erzählen uns heute noch, was Haralds Frau alles für ihn tat und wie lieb er sie hatte.

Wenn wir heute einen Runenstein aufstellen wollen, brauchen wir einen weichen Stein, in den wir mit einem großen Zimmermannsnagel oder einer alten Nagelfeile etwas einritzen können. Damit dieser große Nagel sich gut halten lässt, können wir ihn oben dick mit Leukoplast umwickeln.

Als Steine eignen sich:

Sandstein oder »*Yton*« aus dem Baumarkt. Vorsicht! Es gibt viel Staub! Deshalb am besten im Freien arbeiten! Oder:

Speckstein (faustgroße Stücke kann man im Bastelgeschäft besorgen).

Ist der Speckstein ein schöner Runenstein geworden, legt ihn noch zwei bis drei Tage in eine kleine Schüssel mit Speiseöl und poliert ihn dann mit einem Lappen. Dann glänzt er ganz besonders schön.

Eine dritte Möglichkeit ist ein *Gipsstein*, den wir vorher aus Gips und Wasser gießen müssen. Der Gips wird angerührt und in den Deckel einer Schachtel oder in eine kleine Form gegossen, die wir vorher mit Vaseline eingeschmiert haben. Wenn der Gipsstein nach ein paar Tagen trocken ist, können wir ihn bearbeiten. Nun können wir eine oder mehrere Runen mit dem Zimmermannsnagel einritzen, zum Beispiel die Anfangsbuchstaben unserer Namen. Natürlich können wir sie auch ein bisschen verändern, sodass nur wir selber wissen, was sie bedeuten. Es könnte zum Beispiel heißen:

S + M im Kreis = Sven und Mario sind Freunde

B ‡ D = Bernd liebt Daniela.

Ein Runenstein, der nur ein A trägt, kann bedeuten, dass der Runenstein-Ritzer in Ann-Katrin verliebt ist.

Die Rune M bedeutet Vertrauen,

KM = Ich vertraue Kristina.

Auch richtige Runen oder kleine Bilder lassen sich in unseren Runenstein ritzen: Eine Sonne, viele Bäume, eine Blume ...

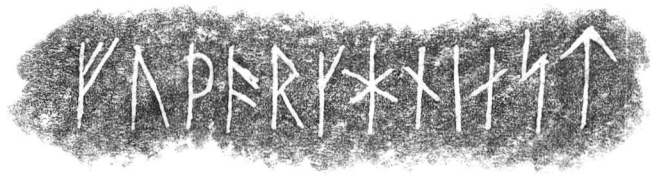

Von Sigurd, dem Drachentöter

Aus der nordischen Volsunga Saga

Sigurd war ein junger Held, der wegen seiner Kraft und Treue im ganzen Nordreich bekannt war. Er war freundlich und ehrlich und vertraute allen. Als er alt genug war, um ein Schwert zu tragen, ging er zu Regin, dem berühmten Schmied. »Schmiede mir ein Schwert«, sagte er, »damit ich gegen das Böse in der Welt kämpfen kann.«

»Da kannst du gleich hier anfangen!«, antwortete Regin und machte sich an die Arbeit. Er brauchte lange. Sigurd sah ihm zu, als er mit seinem mächtigen Hammer das glühende Eisen auf dem Amboss schmiedete.

»Es wird ein besonderes Schwert!«, raunte Regin ihm zu. »Ein Schwert, das den Helden erst zum Helden macht!« Sigurd wartete sehnlich darauf, dass Regin fertig wurde.

»Prüfe es!«, sagte der Schmied endlich und reichte Sigurd das Schwert. Da schlug Sigurd mit dem Schwert auf den Amboss und sprang sogleich erschreckt zurück. Er hatte den riesigen Amboss in zwei Teile gespalten! Regin aber griff blitzschnell nach dem Schwert. »Dieses Schwert gebe ich nicht her!«, rief er. »Dafür müsstest du schon etwas ganz Besonderes tun!«

»Und was?«, fragte Sigurd und blickte begierig auf das Schwert in Regins Hand. »Du hast doch von Fafnir gehört«, flüsterte ihm der Schmied zu und blickte sich lauernd um, damit ja keiner ihn hörte. »Dieser scheußliche und mächtige Drache hat es auf uns alle abgesehen!«

»Davon habe ich noch nie gehört!«, antwortete Sigurd ehrlich.

»Jetzt weißt du es!«, sagte Regin. »Ich kenne ihn genau, denn dieser Drache ist mein schrecklicher Bruder!«

Er blickte Sigurd verschlagen an. »Ich kann nichts gegen meinen eigenen Bruder unternehmen!«, sagte er dann. Darauf hielt er Sigurd das Schwert hin und drückte es ihm in die Hand. »Aber du! Du bist der Einzige, der dieses besondere Schwert tragen darf. Und du bist der Held, der den Drachen töten soll. So ist es seit langer Zeit beschlossen! Du bist es, der mit diesem Schwert das Nordreich für alle Zeit befreien wird! Du und kein anderer!«

Sigurd zögerte. Doch Regin hetzte ihn so in den Kampf gegen seinen Drachenbruder auf, dass Sigurd endlich loszog, um den Drachen zu töten.

»Wenn er tot ist, reiße ihm das Herz heraus!«, rief ihm Regin noch nach.

»Koche das Drachenherz und iss es auf! Dann kann dich keiner mehr verletzen!« Als Sigurd nun zu dem Berg kam, in dem der Drache hauste, hörte er ihn in seiner Höhle fauchen. Und als er näher kam, sah er auch das Feuer, das mit jedem Fauchen aus seinem Rachen schoss.

Bisher waren sich die Menschen und der Drache aus dem Weg gegangen. Noch nie hatte einer gewagt, gegen Fafnir, den Drachen, zu kämpfen. Doch jetzt nahm Sigurd den Kampf auf.

Sie kämpften lange gegeneinander. Fast schien es so, als würde der Drache siegen. Schließlich tötete ihn Sigurd mit dem Schwert, das Regin für ihn geschmiedet hatte.

Als der Drache tot war, erinnerte sich Sigurd an das, was ihm der Schmied geraten hatte. Schnell lief er zu Regin zurück und borgte sich einen Kochtopf. Darauf schürte Sigurd ein Feuer, füllte den Topf mit Wasser und stellte ihn darauf. Als das Wasser zu kochen begann, schnitt er dem Drachen das Herz heraus. Ganz behutsam wollte er es in den Topf legen. Doch das siedende Wasser sprudelte so heftig, dass sich Sigurd dabei die Hand verbrannte. Er zog sie schnell heraus und steckte im ersten Schrecken seinen Daumen in den Mund. An seinem Daumen aber klebte noch ein wenig Drachenblut.

Wie erschrak Sigurd, als er plötzlich ganz anderes hörte als vorher. Und als er genau hinhörte, konnte er mit einem Mal die Vögel sprechen hören und ihre Sprache verstehen.

»Weißt du, Sigurd«, zwitscherten einige Vögel, »dass dem Drachen ein gewaltiger Schatz gehörte?«

»Was für ein Schatz?«, fragte Sigurd.

»Nimm dich vor dem hinterlistigen Regin in Acht!«, riefen andere Vögel aufgeregt. »Er hat dich aufgehetzt! Du solltest seinen Bruder töten! Jetzt will er dich töten, um an den Schatz zu gelangen. Hüte dich vor dem falschen Schmied!«

Da bemerkte Sigurd, dass Regin ihm heimlich gefolgt war. Der Schmied schlich sich mit gezücktem Schwert von hinten an, um den Helden zu ermorden.

»So nicht, Regin!«, rief da Sigurd und wandte sich schnell um.

Jetzt standen sich die beiden starken Männer gegenüber. Es kam zu einem furchtbaren Kampf. Am Ende wurde der falsche Schmied von Sigurd getötet.

Von Sigurd, dem Drachentöter, erzählen die Menschen bis heute. Die Sage wurde von einem Holzschnitzer aus Holz geschnitzt und am Portal der Kirche von Hylestad in Norwegen kann man die kostbaren Schnitzereien bewundern, die noch heute von Sigurd, dem Drachentöter, berichten.

Ohne Handwerker geht es nicht

»Vater, was sind das für Männer?«, fragte Thorolf und stieß seinen Vater an. Er hielt gerade einen Baumstamm fest, den sein Vater mit der Axt bearbeiten wollte.
Olaf blickte kurz hoch. Dann rief er seinen Männern zu: »Thorwald und seine Handwerker kommen! Sie haben Wort gehalten und sind pünktlich da!«
Zusammen mit den Männern liefen die Kinder den Fremden entgegen, um sie zu begrüßen.
Wenn ein Schiff gebaut werden sollte, wurden spezielle Handwerker, Zimmerleute, Plankenbauer und Nagelschmiede gebraucht. Olaf hatte sie bereits im letzten Jahr bestellt. Sie wurden von Thorwald, dem Schiffsbaumeister, angeführt. Er leitete den gesamten Schiffsbau.
»Willkommen!«, rief Olaf und reichte Thorwald die Hand.
»Sei gegrüßt!«, erwiderte dieser. »Meine Männer sind bereit, überall dort anzupacken, wo sie von deinen Leuten gebraucht werden!«
Thorolf zupfte Olaf am Kittel.
»Wir wollen aber auch helfen, Vater!«, flüsterte er ihm zu.
Thorwald hatte es auch gehört. Er nickte dem Jungen zu.
»Du wirst Kormak, dem Nagelschmied, helfen!«, sagte er und zeigte auf einen jungen Mann, der neben ihm stand.
»Ich bin Thorolf Olafson!«, rief Thorolf stolz und reichte Kormak die Hand.
»Stark genug bist du ja!«, lachte der und legte den Arm um den Jungen. »Und einen guten Helfer kann ich immer brauchen! Wenn die Planken in das Schiff kommen, müssen sie von Eisennieten zusammengehalten werden. Der Nagelschmied schmiedet die Nieten, und wir müssen sie festschlagen! Wetten, dass du das abends in den Armen spürst. Aber jeder Muskelkater geht auch einmal vorbei!«
Thorolf blickte stolz zu seinem Vater hinüber.

»Jetzt zeigt den Männer erst einmal, wo sie schlafen werden!«, sagte Olaf. Bevor die Sklaven und Kinder sie zu dem Holzhaus führten, wo sie während der Bauzeit wohnen sollten, rief er ihnen zu: »Wenn ihr euren Schlafplatz gefunden habt, kommt gleich herüber in das Haupthaus. Meine Frau hat für euch ein Essen vorbereitet!«

Die Handwerker waren lange unterwegs gewesen. Dankbar griffen sie zu, als die Hausfrau ihnen wenig später Brot, Fleisch und Gemüse anbot. Und es reichte auch für Olaf und seine ganze Sippe.

Thorolf hatte sich gleich ganz eng neben Kormak gesetzt.

»Ich könnte noch einen flinken Jungen brauchen!«, flüsterte der ihm zu. Da winkte Thorolf sogleich Sigurd herbei. So hockten die beiden Freunde links und rechts neben dem Nagelschmied, griffen immer wieder nach dem Essen vor ihnen und hörten dem Schiffsbauer zu.

Thorwald hatte keinen schriftlichen Plan. Aber er hatte große Erfahrung, denn er hatte schon viele Schiffe gebaut.

Er war zufrieden, als Olaf ihm erzählte, was er und seine Männer bereits geschafft hatten.

»Dann ist nun auch die Verstärkung da!«, lachte er. »Und morgen geht es richtig los!«

Wer hilft mit, das Schiff zu bauen?

Text: Rolf Krenzer/Musik: Martin Göth

1. Wer hilft mit, das Schiff zu bau-en? Al-le pa-cken an.
Hel-fen al-le mit beim Bau-en, geht es gut vo-ran.
Bau-en wir tag-aus, tag-ein, wird das Schiff bald fer-tig sein.

2. Wolln wir große Bäume fällen
dann mit Axt und Beil.
Alle packen an beim Fällen,
jeder schafft sein Teil.
Fällen wir tagaus, tagein,
werden wir bald fertig sein.

3. Hei, wir schlagen mit dem Breitbeil
Planken aus dem Holz.
Bald wird unser Schiff uns tragen.
Darauf sind wir stolz.
Schlagen wir tagaus, tagein,
wird das Schiff bald fertig sein.

4. Kommt nun her und bringt die Ruder.
Rudern wir das Schiff,
dann hält jedermann sein Ruder
immer fest im Griff.
Bringt ihr alles hier herein,
wird das Schiff bald fertig sein.

5. Lasst uns nun das Segel setzen
an dem hohen Mast!
Wenn wir erst das Segel setzen,
heißt es: Aufgepasst!
Bauten wir tagaus, tagein,
können wir uns heute freun!

6. Feiert mit nach alter Weise!
Esst die Schüsseln leer!
Morgen früh beginnt die Reise
übers weite Meer.
Und dann fährt jahrein, jahraus
unser Schiff aufs Meer hinaus.

*Zu den einzelnen Strophen können wir zeigen
und darstellen, was alles zu tun ist, bis das Schiff
fertig ist.*

Wer darf mit zum Fischfang fahren?

»Wir brauchen frischen Fisch!«, sagte die Mutter eines Morgens und sah sich fragend um.

Schon sprangen Sigurd und Thorolf auf. »Dürfen wir auf See fahren?«

Die Mutter schaute zweifelnd zu den Männern hinüber.

»Wir waren doch schon oft mit!«, rief Sigurd.

»Aber noch nie allein!«, meinte sein Vater.

»Ich möchte auch mit!«, rief Helga.

»Hm!« Der Vater räusperte sich. »Als ich so alt wie Thorolf war, bin ich auch schon allein gefahren!«, meinte er dann. Er blickte zu den anderen. »Und wir können nicht weg. Am Schiff gibt es für uns noch viel zu tun!«

Die Männer nickten.

»Dann fahre ich aber auch mit!«, rief Olli und warf sich beleidigt in die Arme seiner Mutter, als alle laut lachten.

»Nun, gut! Die Großen dürfen fahren«, sagte Sigurds Vater schließlich. »Ich sehe mir das Boot vorher noch genau an und gebe euch auch die Angeln und Netze mit!«

Er ging mit zum Boot und gab ihnen auch einen Eimer mit getrockneten Fischen und kleinen Fleischstücken.

»Fahrt nicht so weit aufs Meer hinaus!«, riet er, als sie in das Boot kletterten und die Netze und Angeln hineinlegten. »Es ist nur ein kleines Küstenboot.«

Helga und die beiden Jungen nickten. Sie wussten, wie schnell man in große Gefahr kommen konnte.

»Ihr solltet euch wärmer anziehen!«, sagte Sigurds Vater noch. Da liefen alle drei noch einmal zum Hof.

Als sie zurück zum Boot kamen, war Rollo bereits wieder zur Werft gegangen. Sie setzten das Segel, so wie sie es getan hatten, als sie den Männern helfen durften.

»Was soll der Korb hier?«, fragte Helga plötzlich und deutete auf einen großen geflochtenen Korb, der umgestülpt hinten im Boot lag.

»Den hat sicher jemand vergessen!«, antwortete Thorolf und warf nur einen kurzen Blick nach hinten. Dann hob er seinen Kopf hoch und genoss den frischen Wind, der um sie wehte.

Als sie zum ersten Mal die Angeln auswarfen, hatte Helga bald schon einen Hering und kurz darauf einen zweiten geangelt. Sie warf sie in den Ledereimer, der zwischen ihren Beinen stand.

Die beiden Jungen mühten sich unterdessen mit einem Netz ab, warfen es über Bord und fingen nach langem Warten einen Dorsch. Helga musste mit anpacken, als sie ihn zusammen in das Boot hievten.

»Ein toller Fang!«, meinten die drei später. Da lagen bereits vier große und sechs kleine Fische in ihrem Boot.

»Wir sollten umkehren!«, schlug Sigurd vor. »Es kommt mehr Wind auf!« Schon wurden die Wellen höher und stärker.

Da wendeten die beiden Jungen das Boot. Sie waren ziemlich weit hinausgefahren. Nein, nicht zu weit!

Aber jetzt hatten sie doch ihre Mühe, wieder heil und sicher heimzukommen.

»In dieser Richtung liegt unser Hof!«, sagte Helga und zeigte mit ausgestrecktem Arm nach vorn. Die Jungen nickten.

Nicht mehr lange, dann würden sie in die schützende Bucht hineinfahren.

Mein Boot

Ich habe mir ein Boot gebaut,
ein kleines Boot aus Holz
mit einem Segel an dem Mast.
Jetzt bin ich richtig stolz.

Ich trage es zum Wasser hin.
Ein Boot gehört aufs Meer.
Ich setze es am Ufer ab
und laufe hinterher.

Die Wellen greifen nach dem Boot.
Sie packen es im Nu
und tragen es aufs Meer hinaus.
Ich steh und schaue zu.

Es fällt ins tiefe Wellental
und steigt dann wieder hoch.
Mein kleines Schiff schwimmt auf dem Meer.
Ich seh es immer noch.

Zum Schluss kann ich von meinem Boot
nur noch das Segel sehn.
Ihr Wellen, bitte passt gut auf
und lasst ihm nichts geschehn.

Seid ganz behutsam, tragt es weit
zu einem fernen Land.
Mag sein, es findet dort ein Kind
mein kleines Boot am Strand.

Ich bleibe einsam hier am Strand.
Mein Herz ist mir so schwer.
Hätt ich ein großes, schnelles Schiff,
dann käm ich hinterher.

Doch wenn ich erst mal älter bin,
dann darf ich auch an Bord
und fahr mit einem großen Schiff
auch eines Tages fort.

Ein blinder Passagier

Ein fürchterlicher Schrei ließ sie alle drei zusammenfahren. Und als sie sich umdrehten, stand der kleine Olli mitten im Boot, umklammerte mit beiden Armen krampfhaft den Mast und brüllte aus Leibeskräften.

»Olli!«, schrie Helga.

»Wie kommst du hierher?« Da war Thorolf bereits bei ihm und drückte ihn fest an sich.

Olli wimmerte leise vor sich hin. Sein Gesicht war schneeweiß.

»Du bist heimlich mitgefahren!« Thorolfs Stimme klang böse. Und sehr besorgt.

»Ein blinder Passagier! Es ist nicht zu fassen!« Helga schüttelte den Kopf. »Wo hast du bloß gesteckt?«

Olli zeigte stumm auf den umgekippten Korb hinten im Schiff.

»Mir ist so schlecht!«, sagte er dann und stand so plötzlich auf, dass Thorolf Mühe hatte, ihn festzuhalten. Er taumelte leicht und spuckte dann alles aus, was er heute gegessen hatte.

»Jetzt ist er auch noch seekrank!«, sagte Sigurd und hatte Mühe, ein Lachen zu unterdrücken.

»Bin ich gar nicht!« Olli wischte sich die Tränen aus den Augen und die Spucke vom Mund ab.

Helga griff nach einem Tuch und säuberte ihn. Aufatmend bemerkte sie, dass sie bereits in ihre Bucht hineingetrieben wurden. Schon war die Werft mit dem neuen Schiff deutlich zu sehen.

Nach und nach ging es dem Kleinen besser. Die Wellen waren auch wieder ruhiger geworden. Und bald fragte er besorgt: »Vater wird doch nicht schimpfen?«

»Hm!«, lachte sein großer Bruder grimmig.

Als er aber sah, wie flehentlich Olli ihn anblickte, sagte er schließlich:

»Wenn du Glück hast, hat niemand bemerkt, dass du mitgefahren bist.«

Er zeigte auf den Korb. »Krieche wieder darunter. Dann warte, bis wir ausgestiegen sind und die Fische zum Hof tragen. Dann musst du ganz schnell hier verschwinden!«

»Ihr verratet wirklich nichts?«, fragte der Kleine beschwörend.

»Nein. Aber beeile dich jetzt!«, zischte Helga. »Wir sind bald da!«

Da war Olli blitzschnell wieder unter dem Korb verschwunden. Dort saß er und rührte sich nicht, bis die anderen mit den Fischen davongegangen waren. Dann erst machte er sich heimlich auf den Weg zum Hof. Hoffentlich hatte ihn keiner vermisst.

Seekrank

Stolz stieg ich auf das große Schiff
und freute mich so sehr.
Fast wie ein König fühlt' ich mich:
Ich fahre jetzt aufs Meer!

Ich kletterte aufs freie Deck,
blieb an der Reling stehn
und kam mir wie ein Seemann vor,
grad wie der Kapitän.

Als dann das Schiff vom Kai ablegt',
da rief ich laut: »Ahoi,
auch wenn der Wiking untergeht,
bleibt er dem Wasser treu!«

Doch hinter unsrer stillen Bucht
beginnt das offne Meer.
Gleich fing das Schiff zu schlingern an,
es schaukelt hin und her.

»Ja, das macht Spaß!«, so rief ich laut.
»Das schaukelt ja wie toll!«
Doch plötzlich wurd' es mir ganz flau
und mir war gar nicht wohl.

Was ist nur los?, so dachte ich.
Ich war doch kerngesund
und fühlt' mich jetzt so jämmerlich
nach einer halben Stund!

Ich sank auf einen weichen Sack,
der kam mir grade recht.
Ich seufzte tief und stöhnte leis.
Mir war so schrecklich schlecht.

Ich schloss die Augen, wollt nichts sehn,
träumt' von Kamillentee.
Ich sagte nur den einen Satz:
»Ich fahr nie mehr zur See!«

So manchem kam bei dieser Fahrt
das Essen wieder hoch.
Mir blieb auch das nicht lang erspart,
doch lebt' ich immer noch.

Da sah ich fern am Horizont
die Insel und den Sand.
Ich kämpfte mich zum Ausgang hin
und wollte nur an Land.

Als dann das Schiff im Hafen war,
da konnt ich wieder essen.
Die lange Fahrt, die bange Fahrt,
die hatt' ich bald vergessen.

Doch gar zu schnell verging die Zeit.
Es war ein kurzes Glück.
Jetzt steh ich schlotternd vor dem Schiff
und muss mit ihm zurück.

Wie soll das Schiff heißen?

Als der letzte Schnee geschmolzen war und die Wiesen bereits ihr helles Grün zeigten, war auf Olafs Werft das neue Schiff fertig geworden. Das Schiff, mit dem der Vater und seine Wikinger weit über das Meer segeln und mit reicher Beute heimkehren wollten.

Heute sollte es nun endlich vom Stapel laufen. Jetzt musste sich zeigen, ob sie alle gut gearbeitet hatten und ob das Boot wirklich seetüchtig war.

Deshalb waren alle zur Werft gekommen, um dabei zu sein. Torsten vom Nachbarhof war mit seiner ganzen Familie gekommen. Auch Knud und Harald von der anderen Seite der Bucht kamen mit ihren Leuten. Olaf hatte Boten zu ihnen geschickt, um sie einzuladen. Es sollte ein großes Fest werden.

Die Leute bewunderten das stolze Schiff mit seinem gewaltigen Segel. Und Olli war ganz besonders stolz auf den geschnitzten Drachenkopf auf seinem Bug.

»Dein Drache sieht fast wie eine Schlange aus!«, sagte Torsten und gratulierte Thyre, weil er so gut geschnitzt hatte.

Torsten hatte Recht. Olli und Asgard hatten es Thyre immer wieder gesagt. Es lag daran, dass der Drache sehr lang und schmal geraten war.

»Eigentlich ist es eine Drachenschlange!«, erklärte Olli. »So stark wie ein Drache und so schnell wie eine Seeschlange!«

»So soll das Schiff heißen!«, sagte da sein Vater. Er packte Olli unter seinen Schultern und hielt ihn so hoch, dass alle ihn sehen konnten.

»Mein Sohn Olaf hat den richtigen Namen für unser neues Schiff gefunden!«, rief er. »So, nun sage es so laut, dass es alle hören können!«

Er blickte zu seinem kleinen Sohn hinauf und stemmte ihn mit beiden Händen hoch in die Luft. Da zeigte Olli mit beiden Armen auf das Schiff und schrie, so laut er konnte: »Das Schiff soll Drachenschlange heißen!«

Da klatschten alle Beifall. Und Olaf hielt seinen kleinen Sohn jetzt nur noch mit einer Hand fest und streckte die andere Hand ebenfalls hoch in die Luft. Das war das Zeichen, auf das alle gewartet hatten. Die Hölzer wurden unter dem Schiff zur Seite gezogen. Die Männer drückten gegen das Boot und schoben es behutsam und langsam über ein kleines Rasenstück zum Wasser. Sie liefen mit in das Wasser hinein und jubelten laut, als das Schiff ruhig und sicher auf den Wellen schaukelte. Da kletterten die Männer aus dem Wasser auf das Schiff und winkten zum Ufer hinüber.

»Es schwimmt!«, jubelten die Menschen am Ufer und hoben ihre Hände hoch in die Luft.
Der Vater ließ Olli wieder hinunter auf die Erde. Dann reichte er Torwald, dem Schiffsbaumeister, beide Hände und dankte ihm für die gute Arbeit.
So standen alle lange und blickten stolz auf das neue Schiff.

»Setzt den Anker!«, rief der Vater schließlich und achtete darauf, dass das Schiff so festgemacht wurde, dass es nicht davontreiben konnte.
»Kommt mit auf meinen Hof!«, rief er dann allen zu. »Meine Hausfrau hat für uns alle ein Festessen vorbereitet!«
Das Schiff war fast fertig. Jetzt konnte das Fest beginnen.

Ein Festessen wird vorbereitet

Im Herbst war eine reiche Ernte eingebracht worden. Die Vorräte waren gut und trocken gelagert und würden noch bis zum nächsten Herbst reichen. Das war nicht jedes Jahr so. Fiel die Ernte schlecht aus, dann herrschte überall Hunger.

Seit einigen Tagen hatten alle Frauen im Haus zugepackt, um das Festmahl vorzubereiten.

Zuerst würde es eine Festsuppe geben, eine köstliche Fischsuppe, die stark nach Knoblauch roch. Knoblauch liebten die Wikinger sehr. Und Fischsuppe war Thorolfs Lieblingsessen.

Zur Suppe und zu allen folgenden Gängen wurde Brot gereicht. Nicht nur das übliche dunkle Gerstenbrot, das auf der Pfanne über dem offenen Feuer gebacken wurde, sondern auch das weiße köstliche Weizenbuch-Brot, das sich nur die Reichen leisten konnten. Die Ärmsten mussten oft auch Brot essen, das aus Erbsen, Bohnen und Kiefernrinde gebacken war.

Zum Brot würde man Gemüse und viel Fleisch anbieten: Erbsen, Bohnen und Kohlgemüse, das mit Kräutern, aber auch mit Meerrettich, Zwiebeln und Kreuzkümmel gewürzt war.

Am offenen Feuer sollte ein Schwein gebraten werden. Dazu würden zwei saftige geräucherte Bärenschinken gereicht, die der Vater selbst oben aus dem Rauchfang geholt hatte, und große Stücke gekochtes Bärenfleisch. Ein paar von Olafs Männern hatten spät im Herbst zwei kräftige Bären erlegt, die zu nahe an die Siedlung herangekommen waren. Aus ihren Fellen war warme Winterkleidung geschneidert worden.

Das Fleisch wurde zum Teil in Salz eingelegt. Salz bekam man, wenn man Meerwasser verdampfen ließ. So hielt sich das Fleisch lange Zeit.

Natürlich gab es auch Fisch. Nicht den luftgetrockneten Fisch des Winters, sondern frisch gefangenen Dorsch, Kabeljau und Schellfisch.

Und auf den Schluss freuten sich alle Kinder am meisten. Da würde es etwas geben, was Asgard und Olli am liebsten aßen: einen süßen Nachtisch. Das war eine mit Honig gesüßte und mit Sahne verfeinerte Grütze aus den Äpfeln, Pflaumen und Beeren, die sie im Herbst gesammelt hatten und die getrocknet worden waren.

Kochen und essen wie die Wikinger

Dickmilch

Buttermilch und Dickmilch mochten die Wikinger sehr. Wir können Dickmilch im Laden kaufen. Besser schmeckt sie aber, wenn wir sie selbst ansetzen. Wir brauchen dazu Milch und beim ersten Mal ein Ferment aus dem Reformhaus. Die Milch, die die Wikinger verwendeten, war nicht behandelt wie unsere. Deshalb konnten sich in ihr schnell Milchsäurebakterien entwickeln. Hatte die Milch nur ein paar Tage im Raum gestanden, wurde sie zu Dickmilch. Lassen wir unsere Milch heute ein paar Tage einfach so im Zimmer stehen, verdirbt sie.Wir müssen deshalb einen Liter Milch erst auf 90° Celsius erhitzen, damit alle Keime abgetötet werden. Dann muss sie im Wasserbad auf Zimmertemperatur (20 – 24° Celsius) abkühlen. Danach rühren wir mit einem Schneebesen das Ferment in die Milch hinein und lassen sie in einer zugedeckten Schüssel stehen. Am nächsten Tag ist die Dickmilch fertig. Wir stellen sie zum Nachreifen noch in den Kühlschrank.

Bevor wir die Dickmilch essen, schöpfen wir vier Esslöffel davon ab und setzen diese wieder genauso mit einem Liter Milch an. Am nächsten Tag ist wieder Dickmilch daraus geworden. Das können wir noch zwanzigmal wiederholen. Wichtig ist, dass alles benutzte Geschirr ganz heiß gespült wird, damit es hygienisch ist. Die Gefäße mit der angesetzten Dickmilch müssen an einem ruhigen Ort stehen und sollen nicht bewegt werden. Wer H-Milch nimmt, braucht diese nicht zu erhitzen, sondern kann sie direkt verwenden.

Dickmilch mit Beeren

Wir rühren in die Dickmilch frische Beeren hinein. Tiefgefrorere Beeren brauchen wir vorher nur aufzutauen. Auch Obst aus dem Glas lässt sich gut verwenden.

Löwenzahnsalat

Es wuchsen auch viele Wildkräuter. Sie wurden getrocknet und zum Tee kochen verwendet. Andere wurden frisch gepflückt und in der Küche gebraucht. Quark mit Brunnenkresse war ebenso beliebt wie Löwenzahngemüse, Brennnesselspinat, Brennnesselsuppe, Sauerampfersuppe, Wildkräutersalat oder Vollkornbrot mit Kräutern. Für den Löwenzahnsalat brauchen wir junge Löwenzahnblätter. Wir waschen sie gründlich und schneiden sie in Streifen. Dann übergießen wir sie mit Dickmilch und schmecken sie mit etwas Salz und Pfeffer ab.

Schmalzmilch

Wir verquirlen vier bis sechs Eier in einem Topf mit etwas Milch und Speckwürfeln und kochen alles so lange, bis die Schmalzmilch beginnt, fest zu werden. Nun muss sie abkühlen.

Ist sie kalt geworden, stürzen wir sie auf einen Teller und schneiden sie in dicke Scheiben. Nun werden die Scheiben in der Pfanne gebraten und auf eine Brotscheibe gelegt.

Das große Fest auf Olafs Hof

Nach und nach kamen die Leute zusammen und setzten sich um den schweren Tisch, der fest auf dem Fußboden aus gestampftem Lehm stand. Wer keinen Hocker oder keinen Sitz am Tisch fand, ließ sich auf der Bank, die an der Wand entlanglief, nieder.

Olaf saß in seinem Sessel vor dem Tisch und stand immer wieder auf, um jeden, der heute Abend gekommen war, mit Handschlag zu begrüßen.

Nach und nach füllte sich der Raum. Als alle Platz genommen hatten und auch die Kinder still geworden waren, erhob sich Olaf noch einmal.

»Ich begrüße euch alle!«, sagte er mit lauter Stimme. »Ebenso begrüße ich euch im Namen meiner Frau, die mit ihren Helferinnen für uns alle dieses Festessen vorbereitet hat!«

Alle nickten Inga zu, die stolz neben Olaf stand. Sie trug über ihrem hellblauen Unterkleid, das bis zum Boden reichte, einen braunen Trägerrock aus Wolle, der von einer Kette gehalten wurde. Die war an zwei großen kostbar geschmückten Broschen, zwei Fibeln, befestigt. Außerdem trug sie eine schwere Bernsteinkette. Thorolf war sehr stolz auf seine Eltern, die zu einem solch prächtigen Festmahl einladen konnten.

»Ich will euch damit für all eure Arbeit danken, die ihr in diesem Winter geleistet habt!«, fuhr der Vater fort. »Wir haben das Bauholz für das neue Schiff in den Wäldern geschlagen. Wir haben es über den gefrorenen Schnee und das Eis hierhin transportiert. Und hier haben wir unser neues Schiff gebaut.«

Die Männer klatschten in die Hände und die Frauen und Kinder fielen mit ein.

»Viele Jahre lang sind wir alle auf dem Schiff meines Vetters mitgefahren!«, sagte Olaf. »Wir haben Beutezüge bis nach England und bis an die Küste des großen Festlandes im Süden gemacht. Wir waren lange auf dem Meer unterwegs und mussten oft in fremden Ländern kämpfen. Einige unserer Freunde sind nicht mehr mit uns zurückgekommen. Aber wir haben kostbare Schätze mitgebracht. Unser Schiff war oft beladen mit Schmuck, Ringen und Ketten und mit wertvollem Geschirr aus Silber und Gold.

Jeder hatte so viel, dass wir hier genug tauschen und verkaufen konnten, um nicht den schlechten Ernten ausgeliefert zu sein, um weißes Brot aus Weizenmehl zu backen und nicht nur Bier, sondern auch edlen Wein wie heute bei unserem Festmahl zu trinken.«

Er hob sein Trinkhorn hoch und die Mägde und Sklavinnen schenkten ihm und allen Frauen und Männern den Wein ein, den sie aus einem Weinfass in Krüge gezapft hatten. Alle prosteten sich zu.

»Jetzt werden wir mit unserem eigenen Schiff auf Wiking fahren!«, rief Olaf dann so laut, dass man es bis über den Hof hören sollte.

Wieder hoben alle ihre Trinkhörner und Becher und prosteten sich zu.

»Gebe Thor, der Gott des Donners, dass es ein gutes Schiff ist! Ein Kriegsschiff, das unseren Feinden Angst macht und uns mit reicher Beute sicher wieder nach Hause bringt!«

»Ja, so soll es sein!«, rief ein Mann und die andern stimmten mit ein.

Alle klatschten Beifall, als Olaf geendet hatte.

Nun konnte das Festmahl beginnen.

Die Mägde standen schon bereit und begannen, die köstlichen Speisen aufzutragen, die für dieses Mahl vorbereitet waren.

Da griffen alle gleich zu und ließen es sich schmecken.

Bis tief in die Nacht hinein wurde gegessen, getrunken, gelacht und gesungen. Und je lustiger der Abend wurde, desto lustiger wurden auch die Lieder.

Olaf und sein pfiffiger Hund

Text: Rolf Krenzer/Musik: Martin Göth

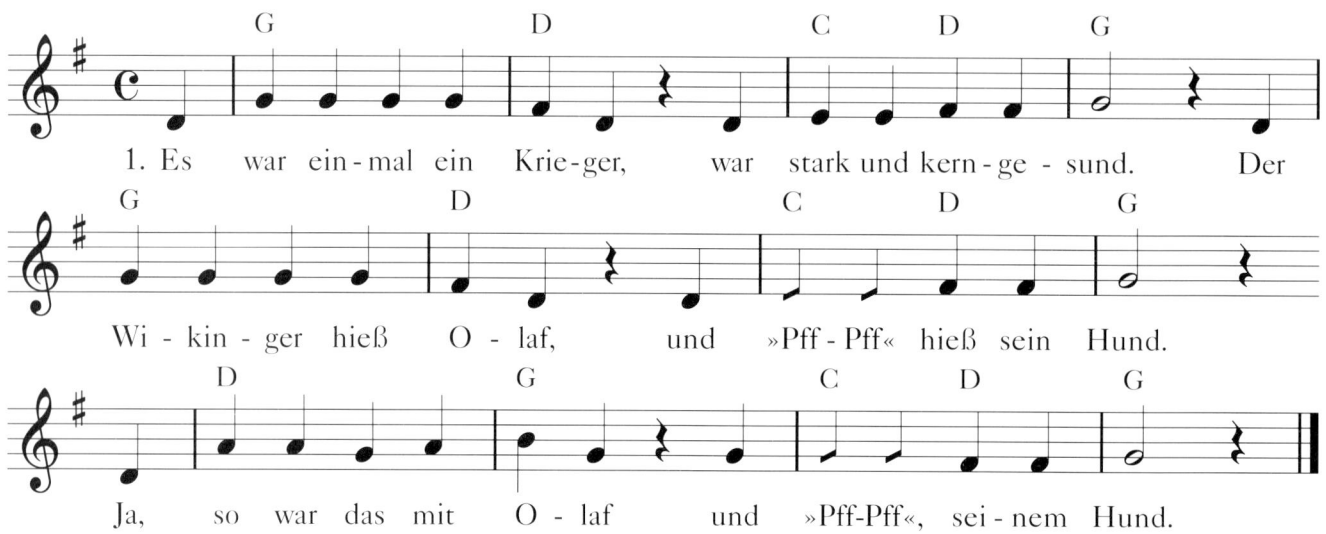

1. Es war ein-mal ein Krie-ger, war stark und kern-ge - sund. Der
Wi - kin - ger hieß O - laf, und »Pff - Pff« hieß sein Hund.
Ja, so war das mit O - laf und »Pff-Pff«, sei - nem Hund.

2. Und fuhren alle Krieger
mit ihren Schiffen fort,
dann musste Olafs Pff-Pff
natürlich mit an Bord.
Ja, so war das mit Olaf
und »Pff-pff«, seinem Hund.

3. Er schlief in einer Kiste,
auf der der Olaf saß,
wenn er das Ruder spannte
und auch, wenn er was aß.
Ja, so war das mit Olaf
und »Pff-pff«, seinem Hund.

4. Er schnitt die schönsten Happen
mit seinem Dolch entzwei.
Und pfiff er zweimal Pff-Pff,
kam gleich sein Hund herbei.
Ja, so war das mit Olaf
und »Pff-pff«, seinem Hund.

5. Doch gingen sie an Land dann,
kam es zur großen Schlacht,
dann hat sich dieser Schlingel
gleich aus dem Staub gemacht.
Ja, so war das mit Olaf
und »Pff-pff«, seinem Hund.

6. »Pff-Pff, mach keinen Mist jetzt!«
fing Olaf an zu schrein.
Er lief, so schnell er konnte,
dem Hund gleich hinterdrein.
Ja, so war das mit Olaf
und »Pff-pff«, seinem Hund.

7. »Wart's ab! Wenn ich dich kriege,
ich schlag dich windelweich!«
So hört man in der Ferne
noch lange sein Gekreisch.
Ja, so war das mit Olaf
und »Pff-pff«, seinem Hund.

8. Das Kriegsheer zog nach Süden.
Der Hund lief stracks nach Nord.
Als Olaf hinterher kam,
da waren alle fort.
Ja, so war das mit Olaf
und »Pff-pff«, seinem Hund.

9. So konnte er nur warten
beim Schiff mit seinem Hund.
Verletzte gab's und Tote.
Nur Olaf blieb gesund.
Ja, so war das mit Olaf
und »Pff-pff«, seinem Hund.

10. Das ganze Heer geschlagen.
Dahin war aller Mut.
Und Olaf sagte höflich,
wie Leid ihm alles tut.
Ja, so war das mit Olaf
und »Pff-pff«, seinem Hund.

11. Er schimpfte auf den Pff-Pff
und schrie so laut wie nie:
»Am Kampf hat mich gehindert
nur dieses dumme Vieh!«
Ja, so war das mit Olaf
und »Pff-pff«, seinem Hund.

12. »Du dummer, schlimmer Köter!«
so sprach er laut und grell
und streichelte ganz zärtlich
und liebevoll sein Fell.
Ja, so war das mit Olaf
und »Pff-pff«, seinem Hund.

13. So blieb in allen Kämpfen
ein Wikinger gesund.
Der Wikinger hieß Olaf
und Pff-Pff hieß sein Hund.
Ja, so war das mit Olaf
und »Pff-pff«, seinem Hund.

*Nach jeder zweiten oder dritten Strophe kann
außerdem einmal kräftig gepfiffen werden.*

Gut gerüstet

Die Tage wurden länger. Das Eis war geschmolzen. Die Wiesen waren grün geworden und die Frauen und Sklaven hatten die Felder bestellt. Die Mägde hatten die Kühe und die Schafe längst hinausgetrieben. Das Frühjahr war bereits herum und das Schiff lag fast fertig in der Werft. Die Männer hatten den Schiffsrumpf mit Holzteer geteert, damit ihm das Salzwasser nicht so viel anhaben konnte. Jetzt strichen sie das Schiff rot und gelb an. Auch der riesige Drachenkopf auf dem Steven war grell angestrichen. Schließlich sollte er allen Feinden und den bösen Geistern des Meeres Angst einjagen. In ein paar Tagen wollten sie das Schiff ins tiefe Wasser schieben. Dann würde Olaf mit seinen Männern zur ersten Fahrt mit dem neuen Schiff aufbrechen.

Nun stand es endlich fest: Thorolf und Sigurd durften mitfahren. Auch Björn und Jarl, obwohl sie noch jünger waren. Nur Olli nicht. Da half alles Betteln und Weinen nichts. Der Vater blieb hart: »Wenn du so alt wie Thorolf bist, dann vielleicht!«

»Wenn die Männer fort sind, musst du mir hier helfen!«, versuchte ihn die Mutter zu trösten.

»Ich darf doch auch nicht mit!«, versuchte es Helga noch.

»Du bist ja auch nur ein Mädchen!«, antwortete Olli kurz. Und als er spürte, dass das, was er gesagt hatte, nicht besonders gut war, fügte er gleich hinzu: »Außerdem wartest du ja auf Leif!« Und das stimmte wirklich.

In nächster Zeit wollte Leif mit seinem Schiff kommen. Ihre Väter hatten vor langer Zeit bereits abgesprochen, dass Leif und Helga heiraten sollten.

Olaf hoffte, dass er bis dahin mit seinen Leuten bereits zurück sein würde. Aber Helgas Mutter blieb ja zu Hause und würde sich um Helga kümmern.

Kormak, der Nagelschmied, hatte seinen beiden Helfern zum Abschied zwei Schiffskisten geschenkt. Er hatte sie für Thorolf und Sigurd selbst gebaut. Und Olaf gab ihnen am Abend vor der Abfahrt die schweren runden Holzschilde, die bunt angestrichen und rundherum mit Eisen beschlagen waren. Die Jungen wussten, dass sie sie morgen zwischen den Rumpf des Schiffes und die Leiste neben dem Ruderplatz stecken mussten, der ihnen zugewiesen wurde. Die Schilde sollten den Wikingern im Schiff Schutz bieten und bei wilder See die Wellen abhalten, die sonst über Bord schlagen würden. Erst wenn es zu einem Kampf kommen sollte oder wenn sie an einer fremden Küste landeten, sollten die Schilde dort herausgenommen werden. »Und dann heißt es kämpfen!«, sagte Kormak, als er sich von den beiden Freunden verabschiedete. Morgen würde er mit den anderen Handwerkern wieder aufbrechen. Egil im Norden war dabei, ein Handelsschiff zu bauen. »Wenn der Kampf beginnt, kann man nicht mehr davonlaufen!«, seufzte Kormak. »Ja, ich bleibe lieber Handwerker! Da brauche ich nicht übers Meer fahren und kämpfen!« Er grinste. »Und außerdem werde ich leicht seekrank!«

Ein Wikinger braucht Waffen und Kleider

An diesem Abend zogen die vier Jungen zum ersten Mal ihre neue Kampfkleidung an: Die wattierte lange Jacke, die über die Hüften reichte, darunter ein Unterhemd und die Hosen aus kräftigem Wollstoff. Auf See könnte es kalt werden, deshalb reichte ihnen Sigurds Mutter noch Wollsocken, über die sie dann ihre Lederschuhe anzogen. Thorolf stülpte sich als Erster den Eisenhelm über die Lederkappe auf seinen Kopf. Der Helm hatte zusätzlich einen Nasenschutz und eine Halsbrünne, die den Nacken schützte. Dann half ihm sein Vater. Er legte ihm den Schwertriemen über die Schulter und befestigte das Schwert daran. Thorolf legte noch den Gürtel mit dem kleinen Lederbeutel um, den ihm Helga zum Abschied geschenkt hatte. Dann griff er mit der linken Hand nach dem Schild und nahm den langen Speer mit der Eisenspitze in die rechte. Olaf schlug mit der Faust auf den Eisenbuckel in der Mitte des Schildes.

»Damit wird deine Hand geschützt!«, sagte er.

Als Thorolf sich dann seiner Mutter vorstellte, musste sie weinen und drehte sich schnell zur Wand.

»Passt gut auf die Jungen auf!«, sagte sie zu den Männern und blickte Olaf an.

Sigurds Mutter fügte hinzu: »Bringt sie uns heil und gesund zurück!«

Die Männer nickten. Olaf holte sein Kettenhemd herbei. Er hatte es bei einem Raubzug erbeutet. Es war aus mehr als tausend Eisenringen zusammengenietet und geschweißt. Jeder Ring war einzeln geschmiedet. Dieses gepanzerte Hemd würde er auch jetzt wieder anlegen.

Dann rief der Vater nach seinem jüngsten Sohn. Und als Olli noch immer schniefend vor ihm stand, legte er ihm beide Hände auf die Schulter.

»Wenn ich auf See bin, muss einer mich auf dem Hof vertreten!«

Olli nickte. »Mein Onkel fährt aber auch mit!«, sagte er dann. »Und Thorolf auch!«

Sein Vater wiegte leicht den Kopf hin und her.

»Mutter oder Helga vielleicht?«

»Ein junger Mann, dem ich vertrauen kann!«

Olli blickte sich um. Er kannte keinen. Als er aber in die Augen seines Vaters sah, da dämmerte es ihm.

»Ich? Bin ich das?«, rief er ganz aufgeregt.

Der Vater reichte ihm ein Schwert. »Ja, du!«, sagte er. »Ich gebe dir dieses wertvolle Schwert. Es ist kein Holzschwert, kein Schwert zum Spielen.«

Die Mutter legte den Arm um Olli.

»Wir hängen es über deinen Schlafplatz!«, sagte sie. »Dann weiß jeder Bescheid, und du kannst es immer sehen!«

»Aber ich tu nur, was du mir sagst!«, flüsterte Olli und wog das Schwert vorsichtig in seiner Hand.

Seine Mutter nickte und sein Vater sagte:

»Genauso wird es sein!«

Dann schlug er einen dicken Nagel in den Balken und hängte das Schwert daran auf. Und Olli stand davor, schaute immer wieder hoch zu dem Schwert und konnte sich nicht daran satt sehen. Seine Tränen waren längst getrocknet.

Ballade vom Wikinger Hardeknud

Text: Rolf Krenzer/Musik: Martin Göth

1. Der wil - de Wi - king Har - de-knud war stets voll Zorn und wil - der Wut und sah gar grau - sig aus. Wer ihn nur sah, der nahm vor ihm vor Angst und Schreck Reiß - aus.

2. Rot war das Haar auf seinem Kopf,
rot war sein Bart und rot sein Zopf,
gefährlich war sein Blick.
Wer auf ihn traf, der lief davon
und kam nie mehr zurück.

3. Sein Kampfbeil trug er stets bei sich
und fuchtelte ganz fürchterlich
mit diesem Beil herum.
Da fiel so mancher starke Mann
aus Angst vor ihm fast um.

4. Vom ganzen großen Wikingheer,
da fürchtete man keinen mehr
als Wiking Hardeknud.
Bei jedem Raubzug raubte er
das meiste Hab und Gut.

5. Einst kam er in ein Haus hinein
und trat vor Wut die Tür gleich ein
und brüllte durch das Haus:
»Geschmeide, Gold und Edelstein!
Rückt alles gleich heraus!«

6. Leer war das Haus. Er sah sich um.
Verzeiht, der Mann war ziemlich dumm.
Den Spiegel an der Wand,
den hat der Wiking Hardeknud
bisher noch nicht gekannt.

7. So stürmt er auf den Spiegel los.
Ein fremder Wiking – wild und groß
mit rotem Bart und Zopf –
der fuchtelt mit dem Kampfbeil rum
und zielt auf seinen Kopf.

8. Weil er sich selbst noch nie gesehn,
drum konnte er das nicht verstehn.
Er rannte fort wie toll
und machte sich zu Spott und Hohn
noch fast die Hosen voll.

9. Der wilde Wiking Hardeknud
verlor aus Angst all seine Wut.
Ganz still fuhr er nach Haus
und zog mit keinem Schiff und Heer
mehr in den Kampf hinaus.

10. Ach, möchte es manch wildem Mann,
fängt er so schnell zu kämpfen an,
so wie es hier geschehn,
grad wie dem wilden Hardeknud,
dem Wikinger, ergehn!

Was kleine Wikinger anziehen und brauchen

Der Helm

Einen runden Wikingerhelm zu basteln, ist eigentlich recht einfach, dauert aber einige Zeit. Wir blasen einen Luftballon so dick auf, dass er so groß wie unser Kopf ist. Nun weichen wir Zeitungspapier in Tapetenkleister ein und bekleben damit die obere Hälfte des Ballons mehrmals übereinander. Nun müssen wir warten, bis der Helm auf dem Luftballon ganz trocken ist. Das dauert zwei bis drei Tage. Dann stechen wir den Ballon kaputt. Zurück bleibt der Wikingerhelm, den wir nun noch grau, braun, rot oder grün anmalen. Die Wikinger trugen aber auch dicke Wollmützen und Jacken mit Kapuzen.

Der Schild

Wir schneiden aus fester Pappe einen kreisrunden Schild aus und befestigen an seiner Innenseite eine Schlaufe als Haltegriff. Diese Schlaufe aus Stoff- oder Pappestreifen kleben wir mit Paketklebeband fest.
Auf den Mittelpunkt des Schildes kleben wir eine zweite kleine kreisrunde Scheibe, die wir weiß oder gelb anmalen oder bekleben. Den Schild malen wir in einer oder zwei Farben an: braun, wenn er wie ein Holzschild, rot und gelb, wenn er gefährlich aussehen soll.

Das Schwert

Wir brauchen eine schmale Holzleiste oder einen Stock. Um die Hand des Wikingers zu schützen, stecken wir auf das eine Ende einen Bierdeckel oder eine oval ausgeschnittene Pappscheibe. Wer einen Ledergürtel trägt, kann das Schwert auch dort einstecken. Dann hat er beide Hände frei.
Aus einem längeren Stock können wir uns eine Lanze bauen. Sie braucht wie das Schwert einen Handschutz.

Bogen und Pfeile

Wir brauchen einen frischen Ast mit wenig Knospenansätzen von der Weide oder vom Haselnussstrauch, so lang wie wir selber groß sind. An einem Ende schnitzen wir mit dem Messer rundum eine Kerbe und knoten eine Schnur an. Die Schnur soll 15 cm kürzer als der Ast sein. Danach schnitzen wir eine zweite Kerbe am anderen Ende. Wenn wir jetzt die Schnur dort befestigen wollen, müssen wir den Stab zu einem Bogen biegen. Nun ist der Bogen gespannt. Als Pfeile müssen gerade, glatte Stecken mit einer Spitze verwendet werden. Am einen Ende jedes Pfeils bringen wir mit dem Messer eine Kerbe an, ans andere Ende setzen wir zur Sicherheit einen Sekt- oder Weinkorken, um niemanden zu verletzen. Nun können wir einen Pfeil nach dem anderen anlegen. Aber Vorsicht: Nicht auf Menschen oder Tiere schießen!

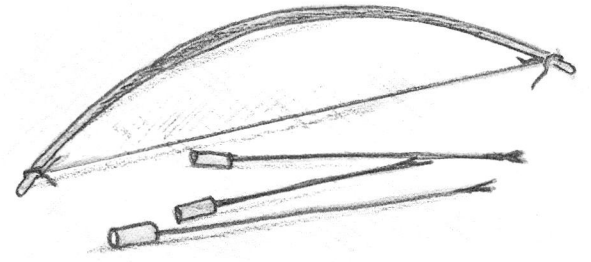

Das Wikingerschiff

Ein umgekippter Tisch kann zu einem Wikingerschiff werden. Stöcke dienen als Ruder und ein altes weißes Betttuch kann das Segel sein, wenn wir es über einen Besenstiel spannen. Das Segel können wir noch mit roten Streifen anmalen.

Drachenboote im Wind

Wir brauchen dünne Rindenstücke und dünne Hölzer. Mit dem Taschenmesser oder einem Bohrer bohren wir eine Vertiefung und stecken dort das Rundholz hinein, an dem wir nun noch die Segel befestigen müssen. Wenn wir für das Segel buntes Papier oder etwas Stoff verwenden, gleitet unser Drachenboot bald mit stolzgeschwelltem Segel über das Wasser. Wir können ganz leicht wie auf der Abbildung die Hölzer durch das Papier stecken, damit sich sogleich das geblähte Segel wölbt. Wenn wir mehrere Boote gebastelt haben, lassen wir sie in einer großen Schüssel, in der Badewanne oder der Dusche schwimmen.
Natürlich müssen die Segel der Wikingerboote noch mit knallig bunten Mustern, vielleicht auch mit bunten Klebebildern beklebt werden. Wenn wir zwei oder noch mehr Drachenboote haben, können wir auch einen kleinen Puste-Wettkampf austragen.

Setzt die Segel

Text: Rolf Krenzer/Musik: Martin Göth

1. Es war ein Schiff so schwer be-la-den und steu-ert' ü-bers
Meer nach Nord' mit feins-tem Gold und Sil-ber-schät-zen. Viel
teu-rer Schmuck war auch an Bord. *Refr.:* Setzt die Se-gel!
Ru-dert, Män-ner! Denn die Fracht ist schwer! Und die Fahrt geht
wei-ter ü-bers wei-te, wei-te Meer. »HE - HO - HE-HO-HE!«,
schallt es ü-ber See! »HE - HO - HE-HO-HE!«, schallt es
ü-ber See.

66

2. Es brannten Klöster, Dörfer, Städte.
Das hätte keiner je geglaubt.
Sie hatten alles mitgenommen
und viele Menschen ausgeraubt.
Refrain:
Setzt die Segel! Rudert, Männer!
Denn die Fracht ist schwer!
Und die Fahrt geht weiter
übers weite, weite Meer.
»HE-HO-HE-HO-HE!«,
schallt es über See!
»HE-HO-HE-HO-HE!«,
schallt es über See!

3. Es fuhr ein stolzes Schiff nach Norden.
Zurück zur Heimat sollt es gehn.
Da brach ein Unwetter vom Himmel,
ein wilder Sturm fing an zu wehn.
Refrain:
Setzt die Segel! Rudert, Männer!
Denn die Fracht ist schwer!
Und die Fahrt geht weiter
übers weite, weite Meer.
»HE-HO-HE-HO-HE!«,
schallt es über See!
»HE-HO-HE-HO-HE!«,
schallt es über See!

4. Das Schiff war viel zu schwer beladen
und konnt' dem Sturm nicht widerstehn.
Wird nun das Schiff in Sturm und Wellen
auf seiner Heimfahrt untergehn?
Refrain:
Setzt die Segel! Rudert, Männer!
Denn die Fracht ist schwer!
Und die Fahrt geht weiter
übers weite, weite Meer.
»HE-HO-HE-HO-HE!«,
schallt es über See!
»HE-HO-HE-HO-HE!«,
schallt es über See!

5. Zu schwer das Schiff! »Eh' wir ertrinken,
werft lieber alle Schätze fort!«
Da warfen sie mit vollen Händen,
was sie geraubt, nun über Bord.
Refrain:
Setzt die Segel! Rudert, Männer!
Denn die Fracht ist schwer!
Und die Fahrt geht weiter
übers weite, weite Meer.
»HE-HO-HE-HO-HE!«,
schallt es über See!
»HE-HO-HE-HO-HE!«,
schallt es über See!

6. Als sich der Sturm am Ende legte,
da fuhr das Schiff so schnell und leicht.
So haben alle, die dabei war'n,
gesund ihr Heimatland erreicht.
Refrain:
Setzt die Segel! Rudert, Männer!
Denn die Fracht ist schwer!
Und die Fahrt geht weiter
übers weite, weite Meer.
»HE-HO-HE-HO-HE!«,
schallt es über See!
»HE-HO-HE-HO-HE!«,
schallt es über See!

Das können wir anderen vorspielen:
Wir rudern im schwer beladenen Schiff.
Einige von uns können auch wilde Wellen darstel-
len. Wenn die See stürmisch wird, dann werden die
Wellen immer größer und machen gewaltigen Lärm.
Da rudern die Wikinger immer fester und schneller.
Wenn sie nicht mehr können, werfen sie alle ihre
geraubten Schätze ins Meer.
Die Wellen werden ruhiger und kleiner. Nun können
sie endlich weiterrudern.

Morgen geht es an Bord

»Helft, die Vorräte auf das Schiff zu tragen!«, sagte Olaf dann. Das ließen sich die Jungen nicht zweimal sagen.

Bis spät in die Nacht hinein mussten alle zupacken. Dörrfisch und Pökelfleisch wurden auf das Schiff geschleppt, große Fladen Trockenbrot, dazu Quark, der sich lange hielt und getrocknete Beeren. Alles musste haltbar sein. Keiner wusste, wie lange sie auf See sein würden.

Olaf achtete darauf, dass genug Trinkwasser in Ledersäcken und Fässern mitgenommen wurde.

»Und wo wird gekocht?«, fragte Björn einen Mann, der zwei Wassereimer auf das Schiff schleppte.

»Jungchen!«, lachte der ihn aus. »An Bord darf niemals ein Feuer entfacht werden. Da würde das Boot gleich lichterloh brennen.«

»Auf See gibt es nichts Warmes zu essen!«, sagte Björn später zu Jarl, als sie zusammen ihre Schiffskisten an Bord brachten. Olaf wies ihnen zwei Ruderplätze zu.

»Hast du das nicht gewusst?«, fragte Jarl und grinste, als Björn den Kopf schüttelte. »Dann weißt du es jetzt!«, meinte er und richtete seine Kiste so, dass er recht gut darauf sitzen und rudern konnte.

Es war spät, als sich endlich alle niederlegten. Und manch einer von ihnen wälzte sich auf seinem Lager und konnte in dieser letzten Nacht daheim kaum einschlafen. Das Reisefieber hatte alle gepackt.

Morgen in aller Frühe sollte es losgehen. Auch Olli konnte nicht einschlafen. Es war eine helle Mondnacht, sodass es im Haus so dämmrig war, dass er das Schwert an dem Nagel erkennen konnte. Am liebsten hätte er sich aufgerichtet und es gestreichelt. Aber dann würde er vielleicht Thorolf, Helga und die anderen wecken. Und das wollte er wirklich nicht.

So verschränkte er seine Arme unter dem Kopf und war eigentlich recht froh, dass er morgen früh nicht an Bord der Drachenschlange musste. Er durfte hier bleiben, hier bei der Mutter und den Schwestern, bei den Knechten und Sklaven.

Ja, er wollte alles tun, dass sein Vater stolz auf ihn sein konnte. Schließlich war er jetzt hier auf dem Hof sein Stellvertreter.

Mit dem Schiff übers Meer

Seit drei Tagen waren sie nun mit dem neuen Schiff unterwegs. Zunächst setzte Olaf Thorolf und Sigurd nur zum Rudern ein. Sie saßen hintereinander auf ihren Seekisten und ruderten im Takt mit den anderen Männern.

Olaf gab das Kommando. Er schlug den Takt mit einem Stab auf der Trommel, die er vor sich zwischen den Beinen hielt. »Ha ... und ... ha ... und ... ha ...«, rief er, um den Taktschlag noch zu verstärken.

Thorolf und Sigurd hatten ihn heute Nacht noch bis in den Schlaf gehört, als Björn und Jarl sie abgelöst hatten. Später hatte sich auch Olaf von Rollo ablösen lassen.

Am Morgen hatte Olaf wieder das Kommando übernommen, und die beiden Freunde ruderten schon wieder. Jetzt lagen Björn und Jarl mit einigen anderen Männern auf Decken hinten im Schiff und waren nach der Anstrengung bereits eingeschlafen.

Als dann ein Wind aufkam, wurde das große rote Segel gehisst. Da durften sich alle Ruderer ausruhen.

»Mir tun die Glieder weh!«, meinte Thorolf und erhob sich etwas mühsam von seinem Platz. Er reckte und streckte sich.

»Hast du auch immer noch Muskel-kater?«, fragte Sigurd und rieb sich die Beine. »Seltsam, mit den Beinen habe ich doch gar nicht gerudert!«

»Aber sie sind beim Rudern ja ganz verspannt!«, meinte Thorolf.

Rollo kam den schmalen Gang entlang. »Geht es euch besser?«, erkundigte er sich.

Die Jungen nickten und Rollo meinte: »Man gewöhnt sich daran. In ein paar Tagen spürt ihr nichts mehr!«

»Aber Muckis haben wir schon!«, lachte Sigurd und zeigte stolz seine Muskeln.

»Stimmt!«, sagte sein Vater anerkennend und ließ sich auch Thorolfs Muskeln zeigen.

Als er weiterging, musste er sich festhalten, weil das Schiff doch kräftig schwankte. Die Wellen waren etwas wilder geworden.

»Hoffentlich gibt das keinen Sturm!« Björn stand hinter ihnen. Er war von dem starken Schaukeln bereits geweckt worden.

»Dein kleiner Bruder wäre jetzt bestimmt schon wieder seekrank!«, feixte Sigurd und stieß seinen Freund in die Seite. Thorolf lachte laut.

»Woher willst du das wissen?« Björn verstand die beiden nicht. »Wikinger werden nie seekrank!«

»Manchmal doch!«, wollte Thorolf noch sagen, als Jarl aufgeregt dazukam.

»Seht doch nur!«, rief er und seine Stimme überschlug sich fast. Er zeigte mit seinem weit ausgestreckten Arm ins Meer. Da erkannten auch die anderen die Sandbank, die gar nicht so weit entfernt war. Olaf hatte sie längst erspäht und steuerte das Schiff in sicherem Abstand daran vorbei.

»Seehunde!« Sie standen da und staunten. Dann begannen sie zu zählen. Zwölf Seehunde waren zu erkennen.

»Sogar drei Heuler sind dabei!«, rief Sigurd begeistert.

»Ich höre nichts!« Björn schüttelte den Kopf.

»Sie heißen nur Heuler, wenn sie noch klein sind und nach ihren Eltern schreien!« Thorolf schüttelte den Kopf über so viel Dummheit. Sein Vater hatte ihm oft von Seehunden erzählt, die er auf seinen Fahrten übers Meer gesehen hatte. Jetzt flogen auch immer mehr Möwen um sie herum.

»Die Küste ist nicht mehr weit!«, meinte Ivar, einer von Olafs besten Männern. Er war ein erfahrener Wikinger. »Aber es kommt auch immer mehr Sturm auf!«, fügte er hinzu. »Seht, das Segel wird schon zusammengerollt!«

»An die Ruder, Männer!«, rief er dann, und gleich rannten alle wieder zu ihren Ruderplätzen und Olaf schlug den Takt auf die Trommel.

»Ha ... und ... ha ... und ... ha ...«, rief er.

»Komm!«, sagte Thorolf und stieß Sigurd an. Sie eilten zu ihren Seekisten und griffen nach den Rudern. Schon ruderten auch sie wieder im Takt mit den anderen Männern.

Unschlüssig standen Björn und Jarl noch herum. »Ihr könnt da drüben helfen!«, rief ihnen ein Ruderer zu. »Das Segel muss richtig festgebunden werden!«

Das Ruderlied

Text: Rolf Krenzer/Musik: Martin Göth

1. Wer Kraft in sei - nen Bei - nen hat, das ist der recht - te Mann, der mit uns ü - bers wei - te Meer nach Nord-land fah - ren kann.

Refr.: Streckt euch! Reckt euch! Packt die Ru - der! Drückt die Ru - der! Zieht die Ru - der im - mer hin und her!

2. Wer Kraft in seinen Armen hat,
das ist der rechte Mann,
der mit uns übers weite Meer
nach Nordland fahren kann.
Refrain:
Streckt euch! Reckt euch!
Packt die Ruder!
Drückt die Ruder!
Zieht die Ruder
immer hin und her!

3. Wer Kraft in seinem Rücken hat,
das ist der rechte Mann,
der mit uns übers weite Meer
nach Nordland fahren kann.
Refrain:
Streckt euch! Reckt euch!
Packt die Ruder!
Drückt die Ruder!
Zieht die Ruder
immer hin und her!

4. Wer Kraft in seinen Muskeln hat,
das ist der rechte Mann,
der mit uns übers weite Meer
nach Nordland fahren kann.
Refrain:
Streckt euch! Reckt euch!
Packt die Ruder!
Drückt die Ruder!
Zieht die Ruder
immer hin und her!

*Wir setzen uns ganz dicht hintereinander und
spreizen unsere Beine nach beiden Seiten.
Vor uns sitzt ein Spieler uns zugewandt und
klatscht oder schlägt den Rhythmus, nach dem wir
mit beiden ausgestreckten Armen rudern. Unser
Rudern wird von Strophe zu Strophe schneller.*

5. Wer Kraft in seinen Waden hat,
das ist der rechte Mann,
der mit uns übers weite Meer
nach Nordland fahren kann.
Refrain:
Streckt euch! Reckt euch!
Packt die Ruder!
Drückt die Ruder!
Zieht die Ruder
immer hin und her!

*Plötzlich ruft einer: »Achtung! Eisberg voraus!«
Da stoppen wir. Wir rudern etwas zurück und
fahren dann in die andere Richtung weiter,
zunächst langsam, dann wieder schneller.*

Der Sturm ist vorbei

Thorolf zuckte zusammen, als er plötzlich eine Hand auf seiner Schulter fühlte. Ein kurzer Schauer überlief ihn. Ihn fröstelte. Seine Hände umklammerten noch immer das Ruder, aber sein Kopf war weit nach vorn gesunken. Er war beim Rudern eingeschlafen. Als er sich kurz umwandte, erkannte er Rollo, Sigurds Vater.

»Die letzten Tage waren sehr anstrengend!«, sagte der beruhigend. »Da passiert es jedem einmal, dass er plötzlich auf seinem Platz einschläft.«

»Ich wollte doch wach bleiben!«, murmelte Thorolf durch seine fast geschlossenen Zähne.

»Sigurd auch!«, antwortete Rollo. »Aber er ist schon vor dir eingeschlafen!«
Er nahm Thorolf am Arm und zog ihn hoch. »Sieh nur, der Sturm ist vorbei! Die Wolken haben sich verzogen und du kannst den Mond und die Sterne sehen. Bald wird der Morgen anbrechen.«

»Sie haben wieder das Segel gesetzt!« Thorolf freute sich.

Rollo nickte. »Es weht ein frischer Wind! Gerade genug, um das Segel zu blähen. Schlaf dich richtig aus! Du brauchst nicht mehr zu rudern!«

»Ihr weckt mich aber, wenn ich gebraucht werde!«, konnte Thorolf nur noch sagen, dann überfiel ihn wieder die Müdigkeit.

Und kalt war ihm, sodass er sich beeilte, zur Mitte des Schiffs zu kommen, wo ein paar prall gefüllte große Pelzsäcke lagen. Tagsüber bewahrte man in ihnen die Waffen, das Geschirr und andere Dinge auf.

»Mach Platz!«, flüsterte er in einen Sack hinein. Der Sack wurde lebendig, sodass Thorolf schnell hineinschlüpfen konnte. War das schön warm hier! Thorolf drückte sich ganz eng an seinen Freund, der bereits fest schlief.

»Rück ein bisschen!«, flüsterte Thorolf noch einmal. Da drehte sich Sigurd zur Seite und legte seinen Arm um ihn. Das leichte Schlingern des Bootes bewirkte, dass auch Thorolf bald eingeschlafen war.

Hilfe, die Wikinger kommen!

Als die beiden Jungen erwachten, war es bereits heller Tag. Um sich herum hörten sie viele Schritte und laute aufgeregte Stimmen. Schnell krochen sie aus ihrem Schlafsack heraus.

»Land in Sicht!«, rief ihnen Björn zu, der bereits zu seinem Ruderplatz hastete.

»Beeilt euch!«, fügte Jarl hinzu, der hinter seinem Freund her eilte. »Man kann schon die Häuser und Bäume erkennen. Aber sie haben uns noch nicht bemerkt!«

Schon waren Thorolf und Sigurd an ihrem Platz und griffen nach den Rudern.

Das Schiff schoss auf das fremde Ufer zu. Rot leuchtete das Segel im Wind.

Thorolf blickte kurz zu dem Drachenkopf vor ihm. Ob er wirklich die Fremden in Angst und Schrecken versetzte?

»Vorsicht!«, rief Olaf, als das Schiff immer näher auf den flachen Sandstrand zuschoss.

»Nehmt die Ruder hoch!«

Das Schiff verlor an Fahrt, wurde immer langsamer und setzte dann ganz leicht auf dem Sand auf.

»Stürmt das Dorf!«, rief Olaf nun.

Einige zogen sich blitzschnell ihre Kampfkleider über, andere wollten mit nacktem Oberkörper kämpfen. Aber alle griffen nach ihren Schilden, Schwertern und Speeren.

Thorolf hatte einige Mühe, den Schild zu lösen. Doch er schaffte es.

Nun sprangen die Männer ins Wasser und liefen über den Sandstrand auf das fremde Dorf zu.

Mit lautem und furchterregendem Gebrüll rannten sie auf die Häuser zu.

Es war noch früh am Morgen. So unsanft waren die Menschen hier noch nie geweckt worden.

»Hey-hey-heya-heee!«, schallte es von überall her.

Da schrien die Leute, hasteten zur Tür, rannten davon und wollten sich in Sicherheit bringen.

»Die Wikinger kommen!«, brüllten sie immer wieder.

Olaf und seine Männer aber stürmten, drangen in die Häuser ein und rissen alles an sich, was sie in der Eile mitnehmen konnten.

Sie sprengten die Kisten und Truhen auf, um nach Schätzen zu suchen.

Dann rannten sie schwer beladen durch das Wasser zu dem Schiff wieder zurück.

Sie mussten bereits fort sein, wenn die Leute mit vielen anderen zurückkamen, um gegen sie zu kämpfen.

»Ein guter Fang!«, lachte Olaf dröhnend und gab das Zeichen zum Start.

Da sprangen die Männer ins Wasser und schoben das Schiff an, bis es wieder freie Fahrt hatte.

»Nehmt die Ruder!«, brüllte Olaf und schnell wie ein Pfeil schoss das Schiff davon.

Hinter ihnen war nun lautes Schreien und Heulen zu hören.

Als Thorolf einmal zurückblickte, sah er, dass die Häuser am Ufer in hellen Flammen standen. Nach dem Raub hatten die Wikinger sie noch angezündet.

Am Ufer stand eine recht große Schar bewaffneter Männer, die ihre Speere und Schwerter hoch in die Luft hielten.

Weil die Wikinger bereits davonfuhren, blieb ihnen nur das Nachsehen in ohnmächtigem Zorn.

Später, als sie sicher waren, dass ihnen keiner mehr folgen konnte, verstauten die Männer ihre Beute in Kisten und Säcke.

Ja, sie hatten gute Beute gemacht.

Silberne Kannen und Becher, Schüsseln, Armspangen, Ketten und Ringe aus Gold, aber auch Kleider und Waffen. Der erste Raubzug hatte sich für alle gelohnt.

Thorolf freute sich besonders über den kleinen goldenen Anhänger mit dem roten Stein. Wie würde sich seine Mutter freuen, wenn er ihn ihr mitbrächte.

Thorolf legte ihn behutsam in seine Schiffskiste.

Es würde noch lange dauern, bis sie wieder heimkamen.

Für morgen war bereits der nächste Überfall auf ein anderes Dorf geplant: ein anderes Dorf an einer anderen Küste, das niemand vorher warnen konnte.

Beim nächsten Überfall wollten sie ein paar junge Leute gefangen nehmen und auf das Boot bringen. Sie würden jammern und schreien, aber es würde ihnen nichts nützen. Waren sie erst im Nordland auf Olafs Hof, dann würden sie dort ihr Leben lang arbeiten müssen so wie die anderen Sklaven.

Thorolf schauderte, wenn er daran dachte. Nur zu gut erinnerte er sich an die beiden jungen Sklaven, die der Vater letztes Jahr mitgebracht hatte. Oft hatte er sie vor Heimweh weinen gesehen.

»So schlecht geht es ihnen doch gar nicht bei uns«, hatte er damals zu Sigurd gesagt.

»Sie können nie mehr zurück nach Hause!«, hatte Sigurd geantwortet. »Stell dir vor, sie würden uns zu Sklaven machen.«

Damals hatte Thorolf gelacht. Aber jetzt spürte er auf einmal die Angst in sich hochsteigen, wenn er an den nächsten Überfall dachte. Es konnte ja zum Kampf Mann gegen Mann kommen und er konnte von den Feinden geschnappt werden. Vielleicht würden sie auch ihn zu einem Sklaven machen.

Lieber nicht dran denken! Thorolf spuckte in die Hände und packte das Ruder.

Sie wollten diesen Sommer so viel Beute machen, dass sie genügend Sachen zum Tauschen mitbringen konnten. Denn wer etwas zum Tauschen hatte, brauchte im nächsten Winter nicht zu hungern, mochte die Ernte auch noch so schlecht ausfallen.

Leif ist gekommen!

Daheim auf dem Wikingerhof ging alles seinen gewohnten Gang.

Gerade waren die Kinder dabei gewesen, um die Wette zu laufen und hatten alles um sich vergessen. Mutter hatte lange rufen müssen, bis Olli sie hörte.

Jetzt kam er schnaubend mit zwei bis obenhin gefüllten Eimern vom Bach. Seine beiden Vettern folgten ihm.

»Olli, das ist doch viel zu schwer für dich!«, schimpfte seine Mutter. Doch Olli merkte, dass sie trotz ihres Schimpfens stolz auf ihn war.

»Thorolf hat auch immer zwei Eimer Wasser geholt!«, sagte Olli und streckte sich.

»Der Junge wird von Tag zu Tag größer und stärker!«, meinte die Magd, die neben der Mutter an der Tür auf die Jungen gewartet hatte. Die Mutter nickte.

»Jetzt müsste dich dein Vater sehen!«, sagte sie und Olli spürte, wie es in ihm ganz warm aufstieg.

Die Mutter wollte noch etwas hinzufügen, hielt aber plötzlich inne, legte die Hand über die Augen und starrte hinaus auf das Meer.

Sogleich wandten sich die Jungen um.

»Ein Schiff!«, riefen sie. »Ein Schiff!«

Olli ließ alles stehen und rannte so schnell er konnte zum Hafen.

»Vater kommt zurück!«, jubelte er. »Vater ist endlich wieder da!«

Alle schauten gebannt hinaus auf das Meer, bis Mutter plötzlich sagte: »Es ist nicht Vaters Schiff! Es ist viel kleiner. Kein Kriegsschiff. Und es hat kein rotes, sondern ein gelbes Segel!«

Da griff Helga nach Mutters Arm und drückte ihn.

»Es ist Leif!«, rief sie fröhlich. »Er kommt, um mich abzuholen!«

»Olli, lauf ihm entgegen!«, rief die Mutter ihrem Jungen zu. »Dein Vater ist noch nicht zurück. Du bist heute sein Stellvertreter!«

Sie ging mit den Frauen zurück zum Hof und Olli lief zum Anlegeplatz und sah zu, wie sie das Schiff am Ufer festmachten. Dann stieg Leif als Erster aus und kam direkt auf Olli zu. Seine Männer folgten ihm. Leif reichte Olli die Hand.

»Ich bin gekommen, um meine Braut abzuholen«, sagte er.

»So ist es beschlossen!«, antwortete Olaf und führte Leif und seine Männer zum Haus. Die Mutter und Helga saßen mit vielen Frauen vor der Tür. Sie taten so, als hätten sie sie nicht einmal gesehen.

»Leif ist gekommen!«, sagte Olli, als er den jungen Gast zu ihnen führte. Da standen die Frauen auf und begrüßten ihn. Nur Helga blickte zu Boden. Es sollte doch keiner sehen, dass sie vor Freude und Verlegenheit rot anlief.

Während der letzten Tage war sie mehrmals hinunter zum Wasser gelaufen, um nach Leifs Boot Ausschau zu halten. Leif war der Sohn Eriks, des Roten, und hatte früher hier gewohnt. Olaf und Erik waren Freunde gewesen. Aber im Streit hatte Erik einen Nachbarn erschlagen. Deshalb hatten ihn die Männer beim Thing, dem Gerichtshof, für drei Jahre verbannt. Drei Jahre war er unterwegs gewesen. Letztes Jahr erst war er zurückgekommen. Allen hatte er von dem fruchtbaren Land erzählt, das er entdeckt hatte.

»Kommt mit mir nach Grünland«, hatte er ihnen zugerufen.

So waren im letzten Winter viele Boote gebaut worden. Es wollten viele Menschen mit Erik, dem Roten, nach Grünland segeln. Dort wollten sie eine neue Heimat finden.

»Es gab noch sehr viel zu tun«, sagte Leif. »Aber bald werden wir abfahren. Und jetzt bin ich gekommen, um Helga zu holen.« Ja, so hatten es Olaf und Erik einmal beschlossen. Helga sollte Leifs Frau werden. Letztes Jahr im Herbst hatten sie sich verlobt.

Inga hatte längst die Sachen zusammengepackt, die Helga mitnehmen sollte. Körbe voll Wäsche, aber auch Kästen voll wertvoller Dinge. Die Mutter hatte ihr eine neue Haube aus Leinen genäht und dazu ein langes Unterkleid. Das Übertuch, das aus zwei Teilen bestand, wurde von zwei silbernen Fibeln gehalten. Im Auftrag Olafs sollte seine Tochter diese beiden Broschen erhalten. Auch die dicke Bernsteinkette, die er einmal von einem Beutezug mitgebracht hatte. Dazu zwei Kämme, die aus Knochen gefertigt waren. Weil es so warm war, hatten die Knechte den Tisch hinausgetragen.

Jetzt kamen die Sklavinnen und Mägde mit dem Essen.

»Morgen fahren wir zurück!«, sagte Leif, als sich alle um den großen Tisch herum gesetzt hatten und lächelte Helga zu.

»Meine Mutter freut sich schon auf dich!« Inga blickte zu Boden. Es war nicht leicht, die Tochter herzugeben.

»Wenn der Vater doch noch kommen würde!«, sagte sie schließlich.

»Er hat bestimmt kostbare Geschenke für dich. Jetzt, wenn du für immer fortgehst!«, meinte Sigurds Mutter.

»Er braucht mir überhaupt nichts mitzubringen!«, antwortete Helga. »Wenn er nur heil zurückkommt und ich ihn noch einmal sehen kann!«

Das Wikinger-Liebeslied

Text/Melodie: Rolf Krenzer

1. Ein Wi - kin - ger, so groß wie du, der ru - der - te nach Hai - tha - bu und sah am Tor ein Mäd - chen stehn. Das Mäd-chen, das war wun - der - schön.

2. Er sprach: »Ich bin ja so allein!
Ach, schönes Mädchen, wärst du mein!
Ich schenk dir einen Runenstein
und ritz dir deinen Namen rein!«

3. Der Wiking war ein schöner Mann.
Man sah's ihm an den Muskeln an.
Das Mädchen drückt voll Liebeslust
sich fest an seine Heldenbrust.

4. Am Abend musste er zurück.
Zu Ende war das Liebesglück.
Es winkte ihm noch mit der Hand,
bis er am Horizont verwand.

5. Ganz traurig wankte es nach Haus
und weint' sich fast die Augen aus
und träumte von dem Stelldichein,
den Muskeln und dem Runenstein.

6. Ein Wikinger so groß wie du,
der kam zurück nach Haithabu
und sah am Tor ein Mädchen stehn.
Das Mädchen, das war wunderschön.

7. Er sprach: »Ich bin ja so allein …« usw.

Es macht besonderen Spaß, wenn man mit den Händen und dem ganzen Körper zeigt und darstellt, was in dem Lied erzählt wird.

1. Ein Wikinger: *Beide Hände über den Kopf halten, so dass sich die Fingerspitzen berühren und so den Wikingerhelm darstellen.*

so groß wie du: *Mit der Hand die Größe andeuten und dann auf den deuten, der gegenüber sitzt.*
der ruderte nach Haithabu: *Mit beiden Armen rudern.*
und sah am Tor ein Mädchen stehn:
Hand spähend über den Augen usw.

Die Heimkehr

Olli, seine Mutter und die anderen auf dem Hof hatten wegen Helgas Abreise so viel zu tun, das keiner das Schiff sah, das mit einem roten Segel dem Hafen zusteuerte. Dann erblickten es die kleine Asgard und Brunhild, ihre Schwester, zuallererst. Sie pflückten auf der Wiese einen dicken Blumenstrauß. Den wollten sie Helga zum Abschied schenken.

Sie liefen nicht zurück zum Hof, denn Brunhild hatte ihren Bruder bereits an Bord erkannt.

»Sigurd!«, rief sie immer wieder und winkte mit dem Strauß in ihrer Hand. Die Kleine stand neben ihr und schrie: »Papa! Papa!«

Doch sie konnten Rollo nicht entdecken. Nun kam das Schiff schnell näher, und Brunhild konnte auch Olaf und die anderen Männer erkennen. Björn, Jarl und Thorolf standen neben Sigurd und winkten zurück.

Brunhild freute sich ganz besonders, als sie Thorolf dort drüben an Bord des Schiffes gesund wieder stehen sah. Sie hatte oft an ihn denken müssen.

Aber wo war ihr Vater?

»Papa!«, rief die kleine Asgard und zog immer wieder an Brunhilds Hand. »Wo ist Papa?«

Als die Männer dann das Schiff fest-machten und nach und nach an Land kamen, da senkten sie die Köpfe, als sie an den beiden Schwestern vorüber-gingen. Sigurd aber kam auf sie zugelaufen, nahm Brunhild in beide Arme und drückte sie so fest er konnte.

»Vater ist im Kampf gestorben!«, sagte er und versuchte, gegen die Tränen anzukämpfen, die ihm über das Gesicht liefen. »Wir haben immer wieder von euch gesprochen, von Mutter, den Schwestern und Brüdern«, flüsterte er. »Es war der letzte Kampf und wir hatten uns alle schon auf die Heimkehr gefreut! Drei Männer sind im Kampf gefallen. Einer von ihnen war Vater.«

Thorolf und sein Vater kümmerten sich um die kleine Asgard. Sie fragte immer weiter nach ihrem Papa. Und keiner wagte es, ihr eine ehrliche Antwort zu geben. Schließlich nahm Olaf sie auf seine Arme und trug sie zum Hof hinauf. Da kamen ihnen alle entgegen.

Olaf aber hatte nur Augen für Asgards Mutter. Er ging auf sie zu, legte ihr die kleine Asgard in die Arme und sagte: »Du musst jetzt sehr tapfer sein. Rollo ist tot!« Und als sie sich schluchzend über ihre kleine Tochter beugte, legte er den Arm um sie.

»Ich habe meinen Bruder verloren!«, sagte

er. »Und du deinen Mann! Jetzt wird er bei den Göttern in Wallhall sein. Er wird mit Odin und Thor scherzen und lachen und mit ihnen durch den Himmel reiten. Du kannst stolz auf ihn sein. Er ist ein tapferer Wikinger gewesen.«

Dann ging der Vater zu Inga und Helga und begrüßte sie. Er warf den kleinen Sohn hoch in die Luft und Olli schrie vor Freude. Und er begrüßte Leif, seinen Schwiegersohn.

Thorolf stand stumm neben Brunhild und Sigurd. Er wartete, bis beide etwas ruhiger geworden waren. Dann reichte er Brunhild die Hand.

»Ich habe deinen Vater sehr lieb gehabt!«, flüsterte er und konnte nichts dafür, dass er plötzlich weinen musste. »Ich hatte ihn so lieb wie meinen eigenen Vater!«

Da gab ihm Brunhild ihre Hand. Und Hand in Hand gingen alle drei langsam zum Hof hinauf.

Der letzte Abend

Sie brauchten viel Zeit, bis das Schiff entladen war. Am Ende aber gab der Vater jedem seinen Anteil an der Beute. Sigurd erhielt den doppelten Anteil, für seinen Vater und sich. Die Jungen erhielten so viel wie die Männer. Sie hatten auch die gleiche Arbeit geleistet.

Die beiden Freunde gingen bald wieder zurück zum Hof. Sigurd wollte seine Mutter jetzt nicht allein lassen. Und Thorolf hatte alle Mühe, Ollis viele Fragen zu beantworten.

Helga und Brunhild hockten in einer Ecke und tuschelten miteinander. Seit sie zurückdenken konnten, waren sie Freundinnen gewesen. Nun mussten auch sie sich für immer trennen. Morgen bereits wollte Leif mit Helga heimfahren.

Am Abend trafen sich die jungen Leute auf der Wiese hinter dem Hof. Die Kinder hatten bereits viel Holz für das Sonnwendfeuer gesammelt. Es würde nicht mehr lange dauern, dann würde es hell und hoch brennen. Sicher würden sie wieder ein Fest feiern. Und dann war der Sommer bereits halb herum.

Sie saßen schweigend zusammen, als Olli sich heimlich von hinten anschlich und seinem Bruder die Augen zuhielt.

»Rate, wer hier ist?«, fragte er mit verstellter tiefer Stimme.

»Komm schon, Olli!«, lachte Thorolf. »Du darfst dich dazusetzen.«

Sigurd nickte. »Er hat ja während der ganzen Zeit deinen Vater auf dem Hof vertreten.« Er rückte ein Stück zur Seite, sodass Olli noch zwischen ihn und Thorolf passte.

»Dieses Jahr werden wir nicht mehr auf Wiking fahren!«, sagte Sigurd dann. »Es war schön und schlimm zugleich!«

»Und nächstes Jahr?«, fragte Helga. »Fährst du wieder mit?«

Sigurd nickte. »Einmal müssen wir alle sterben!«, sagte er. »Für einen Wikinger aber ist es das Größte, wenn er im Kampf stirbt!«

Sie schwiegen alle, weil sie an Rollo denken mussten.

»Ich fahre lieber nicht mit!«, meinte Olli. »Wenn ich nächstes Jahr auch vielleicht mitfahren darf!«

»Ich fahre auch nicht wieder mit!«, sagte Thorolf bestimmt. »Ich werde mir ein Handelsschiff suchen und fragen, ob man mich dort brauchen kann.«

»Und Vater?«, fragte Helga erschrocken.

»Er ist einverstanden!«, antwortete Thorolf. »Sigurd fährt mit und Olli wächst und wächst. Bald ist er größer als wir alle!«

Olli wiegte den Kopf hin und her. Vielleicht würde er es sich ja doch noch einmal überlegen, wenn ihn sein Vater wirklich mitnehmen wollte.

»Ich möchte lernen, ein Schiff zu führen, so wie mein Vater!«, sagte Thorolf nach einer Weile. »Aber kein Kriegsschiff, sondern ein großes Schiff, mit dem man Handel treiben kann. Weit fahren! Tauschen, handeln, kaufen, verkaufen, Waren zu anderen transportieren.«

Er legte seine Hand auf Brunhilds Arm. »Ich könnte alles verkaufen, was wir erbeutet haben. Ich könnte dafür Dinge eintauschen, die wir dringend brauchen!«

»Du kommst aber immer wieder zurück?«, fragte Brunhild leise.

»Vater will mir helfen, hier ein neues Boot zu bauen!«, sagte Thorolf. »Vielleicht werde ich in Haithabu wohnen!«

Alle hatten schon von der großen reichen Wikingerstadt im Süden des Reiches gehört. Es sollte da viele feste Häuser geben, Wege aus Holzplanken von einem Haus zum anderen, einen riesigen Hafen und so viele Menschen, dass keiner den andern mehr kannte.

»Von Haithabu will ich mit meinem Schiff dann weite Reisen unternehmen. Nach England und Frankreich, den Rhein hinunter. Und in Russland soll es eine ganz besondere Stadt mit einem großen Markt geben, Nowgorod.«

»Du willst bis nach Russland fahren?«, rief Olli atemlos. »So weit?«

»Vielleicht noch weiter! In Haihtabu werden die kostbaren Waren aus dem Osten gegen Waren aus dem Westen getauscht. Ich möchte auch so ein Händler werden und viel von der Welt sehen!«

»Dann kommst du nicht mehr zurück!«, sagte Brunhild leise und rückte ein wenig zur Seite. »In Haithabu gibt es sicher viele schöne Mädchen!«

»Vielleicht!«, antwortete Thorolf. »Die schönen Mädchen in Haithabu interessieren mich allerdings nicht so sehr!«

Er blickte Brunhild von der Seite an. »Aber vielleicht kommst du mit! Später einmal, wenn ich ein Boot habe. Dann bauen wir uns ein Haus in Haithabu!«

Es war eine helle Sommernacht. So konnten alle sehen, dass Brunhild vor Verlegenheit rot wurde. Sie wussten doch alle, dass Thorolf und Brunhild einmal heiraten würden.

Da machte es Thorolf auch nichts mehr aus, den Arm um sie zu legen.

»Vielleicht komme ich dann auch mit!«, sagte Olli und drückte sich fest an seinen Bruder. »Vielleicht Asgard auch!« Gleich morgen wollte er sie fragen.

Siedeln in einem fernen Land

»Willst du nicht doch mit uns nach Grünland fahren?«, fragte Leif und sah Olli fragend an.

Mit einem Mal wurde es Olli so richtig bewusst, dass Helga morgen mit Leif davonfahren würde.

»Kommst du nie mehr zurück?«, fragte er. Helga schüttelte den Kopf.

Da sprang Olli auf, stürzte zu Helga und schmiegte sich an sie. Keiner sollte sehen, dass er weinen musste. Helga hielt ihn fest in ihren Armen und streichelte seinen Rücken.

»Mein Vater hat das neue Land entdeckt!«, erklärte Leif den anderen. »Zu Hause leben so viele Menschen. Da reicht das Land nicht mehr für das Vieh und für die Äcker und Felder. Es kommt immer wieder zu Kämpfen, denn einer will dem anderen sein Land wegnehmen.«

»Wir werden nach Grünland auswandern!« Helga nickte Leif zu.

»Ihr wisst doch gar nicht, was euch da erwartet!«, meinte Sigurd nachdenklich.

»Mein Vater hat berichtet, wie viel Platz es dort gibt. Ein Land voller grüner Wiesen und Weiden! Genug Platz für neue große Äcker und Felder. Platz für alles Vieh. So viel Platz, dass es nicht zu Streit zwischen den Leuten kommen wird, die mitfahren.«

»Ihr werdet die ersten Siedler in Grünland sein!« Thorolf pfiff anerkennend durch die Zähne.

»Wir sind nicht allein!«, sagte Leif. »Noch vierundzwanzig Schiffe werden mit uns fahren. Mit fünfhundert Menschen fahren wir nach Grünland!«

»Auch Kinder, die so alt sind wie ich?«, fragte Olli mit großen Augen.

»Sogar Babys!«, lachte Helga. »Vielleicht willst du ja doch mitkommen?«

»Ich bin kein Baby!«, sagte Olli fest und wunderte sich, dass die andern alle lachten.

»Du wirst hier gebraucht!« Sigurd packte ihn am Arm.

Olli nickte. »Ja, und morgen muss ich mich wieder um das Sonnwendfeuer kümmern!«

Mittsommernacht

Text: Rolf Krenzer/Musik: Martin Göth

Refr.: Mitt - som-mer-nacht! Mitt - som-mer-nacht! Stimmt doch mit ein!

Mitt - som-mer-nacht! Mitt - som-mer-nacht! Was kann schö - ner sein?

Hei! Hei! Hei! Som-mer, bleib uns treu! Hei! Hei! Hei! Und geh nie vor-bei!

Mitt - som-mer-nacht! Mitt - som-mer-nacht! Stimmt doch mit ein!

1. Der Som-mer hat es wahr gemacht: Kein Mensch geht heut ins Bett. Die

Son - ne scheint die gan - ze Nacht, ist es auch noch so spät.

Refrain:
Mittsommernacht! Mittsommernacht!
Stimmt doch mit ein!
Mittsommernacht! Mittsommernacht!
Was kann schöner sein?
Hei! Hei! Hei! Sommer bleib uns treu!
Hei! Hei! Hei! Und geh nie vorbei!
Mittsommernacht! Mittsommernacht!
Stimmt doch mit ein!

2. Wir tragen Holz auf einen Stoß
und stecken ihn dann an.
Das Sonnwendfeuer wird so groß
und brennt so hell es kann.

Refrain:
Mittsommernacht! Mittsommernacht!
Stimmt doch mit ein!
Mittsommernacht! Mittsommernacht!
Was kann schöner sein?
Hei! Hei! Hei! Sommer bleib uns treu!
Hei! Hei! Hei! Und geh nie vorbei!
Mittsommernacht! Mittsommernacht!
Stimmt doch mit ein!

3. Das Sonnwendfeuer leuchtet weit,
die Nacht ist voller Licht.
Im Winter in der Dunkelheit
vergesst den Sommer nicht!

Refrain:
Mittsommernacht, Mittsommernacht!
Stimmt doch mit ein! usw.

Ollis Geschenk

»Ich möchte dir etwas schenken, wenn du für immer fortfährst!«, sagte Olli und sah Helga nachdenklich an. »Aber was?«

»Ich weiß etwas!«, antwortete Helga leise.

»Was?«

»Deinen Hund!«

»Wildfang?«

Helga nickte.

Und als Olli sie unschlüssig anblickte, fügte sie gleich hinzu: »Ich habe sonst keinen Freund, den ich mitnehmen kann.«

»Du hast doch Leif!«, sagte Olli und lief davon.

»Das hättest du nicht sagen sollen!«, meinte Brunhild. »Er hängt doch so an seinem Hund!«

Doch da kam Olli bereits zurück. Er hatte den kleinen Wildfang auf dem Arm. Noch nicht einmal ein halbes Jahr war der Welpe alt.

»Ich schenke ihn dir!«, sagte er tapfer und reichte ihn Helga.

Sie nahm ihn auf ihren Arm und schon kletterte der Hund an ihr hoch und leckte ihr das Ohr ab.

»Und du?«

»Wir haben ja noch zwei kleine Hunde!« Olli rieb sich verlegen die Hände. »Um die muss ich mich auch kümmern!«

»Danke!«, sagte Helga. »Danke, Olli!«

Da tat es ihm auf einmal nicht mehr ganz so weh, dass er seinen Wildfang herschenkte. Helga hatte ja sonst keinen Freund, den sie mitnehmen konnte. Und Wildfang war ein guter Freund! Das wusste Olli genau.

Als sie dann aufbrachen und sich auf den Weg zum Hof machten, nahm Leif Helgas Hand.

»Ich weiß noch nicht, ob wir in Grünland bleiben!«, sagte er. »Es wird erzählt, dass man von Grünland noch weiter segeln kann. Es soll da noch ein anderes Land geben. Ein reiches Land. Es soll dort so warm sein, dass man sogar Weintrauben ernten kann.«

»Wie heißt das Land?«, fragte Helga und blieb stehen.

»Sie nennen es Weinland!«

Helga blickte ihren Leif kopfschüttelnd an. »Du bist ein echter Sohn deines Vaters, Leif Erikson!«, sagte sie. »Immer weiter segeln und immer wieder Neues entdecken!«

»Warte es nur ab!« Leif lachte sie an. »Zuerst einmal geht es nach Grünland!«

Zu den Geschichten dieses Buches

Vor rund tausend Jahren (800 – 1100 n. Chr.) kamen die Wikinger von Skandinavien her über das Meer und fielen über die Küsten Europas her. Weil sie mit ihren Schiffen so schnell fuhren, waren die Menschen dort oft nicht früh genug gewarnt und nicht auf ihren Angriff vorbereitet. So gelang es den Wikingern, über Dörfer, Städte, Klöster, Kirchen und einzelne Gehöfte herzufallen, zu plündern und alles als Beute mitzunehmen, was sie dort zusammenrauben konnten. Wenn sich dann endlich die Menschen auf dem Festland gesammelt hatten und zurückschlagen wollten, waren die Wikinger oft schon mit ihren Schiffen auf und davon.

»Hilfe, die Wikinger kommen!«, war ein Ruf, der noch heute von der Angst und dem Schrecken erzählt, den die Überfälle der Wikinger verbreiteten.

Die Wikinger waren kein Volk im eigentlichen Sinn. Sie waren die Vorfahren der heutigen Skandinavier und wohnten im Küstenbereich Schwedens, Norwegens und Dänemarks. In ihrer Heimat nannte man die Männer Wikinger, die über das Meer zu Beutezügen aufbrachen, und dann wieder mit reich beladenen Schiffen heimkehrten. Wikinger bedeutete »Seekrieger«. Auf Wiking gehen hieß es, wenn sie zu einer Heerfahrt zur See unterwegs waren. Die Völker in Europa fürchteten sie. Unsere Vorfahren nannten sie auch die »Normannen«, die Männer aus dem Norden. Die Engländer gaben ihnen den Namen »Wicingas«, und bei den Arabern hießen sie die »heidnischen Teufel«.

Wenn man Bilder von den Wikingern malte, malte man ihnen noch Hörner an ihre Helme. So wollte man darstellen, wie gefährlich sie aussahen und waren. Vieles, was sie sich nach und nach erwarben, das hatten sie in England, an der deutschen und französischen Küste, in Italien, sogar in Russland bis zum Schwarzen Meer geraubt. Keine der reichen Städte und Handelsplätze in Europa war vor ihnen sicher. Sie kamen nach Hamburg, Köln, nach Mainz und Trier, nach London und Paris, sogar nach Pisa in Italien. Sie griffen die Städte an, plünderten und legten sie in Schutt und Asche.

Die Geschichten in diesem Buch erzählen von jungen Wikingern und machen deutlich, warum die Männer auf Wiking gehen mussten: Die Felder und Weiden reichten nicht aus, um genügend Getreide und Gemüse anzubauen, dass alle Menschen satt wurden. Eine Missernte in diesem rauen unwirtlichen Klima löste oft eine große Hungersnot aus.

Ollis Vater ist schon mehrmals mit einem Boot zu einem Beutezug mitgefahren. Er brachte genug wertvollen Schmuck und vieles andere mit, das man mit anderen Wikingern tauschen konnte, die mit ihren Handelsschiffen die Meere und Flüsse befuhren. Wer etwas zum Tauschen hatte, konnte Vorräte anlegen und brauchte nicht mehr zu hungern.

Deshalb baut Ollis Vater ein Schiff. Er will mit seinen eigenen Männern losfahren und Beute machen. Für die Wikinger war es die größte Ehre, wenn sie im Kampf getötet wurden. Dann konnten sie nämlich zu ihren Göttern in das himmlische Wallhall einziehen und wurden als Helden willkommen geheißen. Wer auf Wiking ging, musste damit rechnen, dass er dabei im Kampf sterben konnte.

Die Wikinger-Kinder hatten sicher oft ein härteres Leben als die Kinder heute. Aber auch sie wurden von ihren Eltern geliebt, spielten anderen Streiche, hatten Angst und reagierten mutig, wenn sie in Gefahr gerieten. Sie hatten Freunde und heirateten bereits früh. Die Männer und Frauen wurden beileibe nicht so alt wie wir heute.

Gegen Ende des Buches wird von Leif erzählt, der von Island gekommen ist, um Helga zu heiraten. Als sein Vater, Erik der Rote, noch in der Nähe von Olafs Familie wohnte, waren Olaf und er gute Freunde. Damals wurden auch ihre beiden Kinder, Helga und Leif, einander versprochen. Doch weil Erik im Streit einen anderen Menschen erschlagen hatte, wurde er nach Island verbannt. Seine ganze Familie zog natürlich mit. In Island kam es bald wieder zum Streit, der auch wieder tödlich endete. Deshalb wurde Erik beim Thing, der Rechtsversammlung, zu der alle Männer eingeladen waren, verbannt. Für drei Jahre musste er Island verlassen. Erik fuhr mit seinen Leuten aufs Meer hinaus und kam nach den drei Jahren mit einer großen Neuigkeit wieder zurück: Er hatte Grönland entdeckt. Damit viele Leute mit ihm kamen, weil sie sich saftige Weiden und gute Felder von dem neuen Land versprachen, nannte er das Land von Anfang an »Grünland«.

Sein Sohn, Leif Erikson, brach mit einem Schiff zunächst dorthin auf, landete aber schließlich in Amerika. Weil sie dort wirklich den Wein fanden, von dem sie gehört hatten, nannten sie damals das Land Weinland (Vinland). Leifs Brüder haben dann später versucht, dort wie in Grönland zu siedeln. Es kam zu harten Kämpfen mit den Indianern. Am Ende siegten die Indianer. Es dauerte einige Jahrhunderte, bis wieder Leute aus Europa kamen und Amerika neu entdeckten.

Thorolf wird sicher ein guter Händler werden und einmal in Haithabu leben. Diese berühmte Wikingerstadt, die besonders gut befestigt war und ganz moderne Verteidigungsanlagen besaß, wurde trotzdem mehrmals erobert und zerstört. Immer wieder bauten die Wikinger ihre wichtige Handelsstadt neu auf. 1060 erstürmten slawische Krieger die Stadt. Haithabu wurde erobert und niedergebrannt. Die Bewohner Haithabus, die fliehen konnten, flohen auf das gegenüberliegende Ufer der Schlei. Sie gründeten die Stadt Schleswig als Nachfolgerin Haithabus. Schleswig gibt es heute noch.

Dort, wo einst Haithabu gestanden hat, ist heute ein großes Museum gebaut worden. Wer einmal im Urlaub mit seinen Eltern auf dem Weg nach Sylt oder Dänemark daran vorbeikommt, sollte sich dort umsehen. Er wird viel Interessantes von den Wikingern und ihrer berühmten Stadt Haithabu entdecken.

Rolf Krenzer

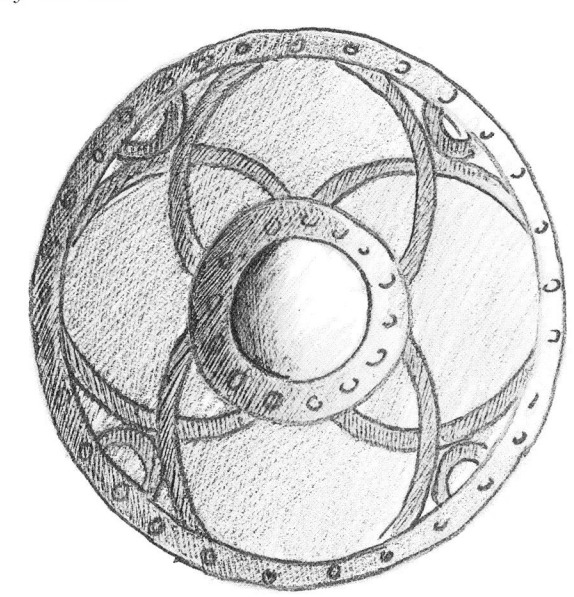

Rolf Krenzer bei Ellermann

Von den kleinen Indianern

Rolf Krenzer, Das große Buch von den kleinen Indianern
Mit zum Teil farbigen Bildern von Mathias Weber
Gebunden, 96 Seiten
Format: 21,5 x 24 cm
24,90 DM / 23,- sFr. / 182,- öS
Ab 5
ISBN 3-7707-3065-8

Von Biberjunge und seinem Hund Schnauzer, von Kleinem Bär, Leichter Feder und von vielen anderen Indianerkindern erzählen die Geschichten zum Vorlesen und Selberlesen von Rolf Krenzer.
Zusammen mit den Spielen, Tänzen, Rezepten und Bastelanleitungen, den eingängigen Indianerliedern, die Stephen Janetzko komponiert hat, und den anschaulichen Illustrationen von Mathias Weber bringt das Buch Kindern auf fröhliche Weise die Welt der kleinen Indianer nahe und lädt zum Mitmachen ein.

Die MC zum Buch

Rolf Krenzer / Stephen Janetzko, Lieder und Geschichten von den kleinen Indianern
10 Lieder, komponiert und arrangiert von Stephen Janetzko
und 5 Geschichten, gelesen von Rolf Krenzer
Ca. 60 Min.
Unverb. Preisempf. 19,80 DM / 18,70 sFr. / 145,- öS
Titel-Nr. 3-7707-4202-8

Rolf Krenzer bei Ellermann

Von den kleinen Rittern

Rolf Krenzer, Das große Buch von den kleinen Rittern
Mit zum Teil farbigen Bildern von Mathias Weber
Gebunden, 96 Seiten
Format: 21,5 x 24 cm
24,90 DM / 23,- sFr. / 182,- öS
Ab 5
ISBN 3-7707-3073-9

Wie Richard auf der Burg seiner Eltern einen Geheim-
gang entdeckt, warum Elisabeth Besuch von Konrad von
Felseneck bekommt, wie es bei einem Angriff auf Burg
Wetterstein zugeht – dies und vieles mehr findet sich in
diesem Band zum Vorlesen und Selberlesen von Rolf
Krenzer, der zu einer Entdeckungsreise in die Welt der Ritter und Burgen einlädt.
Die Geschichten, Gedichte und Lieder sowie die detailgetreuen Illustrationen von
Mathias Weber erzählen von Richard, Heinrich und anderen Ritterkindern, von
Drachen und Gespenstern ebenso wie vom Alltagsleben auf der Burg mit Freunden
und Feinden.
Darüberhinaus gibt es Spiele, Rezepte, Bastelanleitungen und von Martin Göth kom-
ponierte Lieder, die Kinder auf unterhaltsame Weise zum Mitmachen einladen.

Die MC zum Buch

Rolf Krenzer / Martin Göth, Lieder und Geschichten von den kleinen Rittern
10 Lieder, komponiert und arrangiert von Martin Göth
und 4 Geschichten, gelesen von Rolf Krenzer
Ca. 60 Min.
Unverb. Preisempf. 19,80 DM / 18,70 sFr. / 145,- öS
Titel-Nr. 3-7707-4203-6